一級建築士が教える

買ってはいけない収益物件の見分け方

一級建築士　大谷義武
小林孝弘

幻冬舎MC

一級建築士が教える
買ってはいけない
収益物件の見分け方

はじめに

新築シェアハウス「かぼちゃの馬車」破綻に端を発し、不動産投資業界では数々の問題が噴出しました。銀行による組織的な不正が暴かれた「スルガショック」から新興上場不動産会社の書類改ざん問題、更には大手アパートメーカーの施工不良問題と続き、大きな波紋が広がっています。

その背景にあるのは不動産投資ブームの加熱です。

日本では平成17年より人口が減少に転じました。さらに連日マスコミで財政の問題が報道されています。年金問題が取り沙汰され、日本人の多くが将来に不安を感じる社会になってきました。

そこで、その解消策として、いわゆる地主層ではない、会社経営者、サラリーマン、医師、弁護士といった非地主層の個人が収益用不動産による資産形成、不動産投資を始めていき、一般的となってきました。

一方、不動産投資人口の急増に比例して、投資に失敗する人も激増しました。

強引な営業や不正融資によって、買うべきでない割高で低収益の物件を購入してしまった、購入後に空室が続く、高額なリフォーム費用がかかり思い描いた収益が得られない――そんな投資家が非常に多いのです。

なぜ、こうした問題が起こるのかといえば、物件選定に対する知識が抜け落ちているからです。本来であれば物件を取得するにあたり、大きく分けて2つの調査を事前に行う必要があります。

具体的にいえば「不動産的調査」と「建築的調査（建物調査）」の2つです。

不動産的調査とは立地判断であったり、利回り、土地の値段、空室率、出口戦略の可否等いわゆる不動産にまつわる調査になります。主に机上の計算やインターネット検索による調査が中心となり、一般的に行っている人が多いと思われます。

一方、あまり馴染みのないものが建築的調査です。この調査は専門性が必要となるため、なかなか素人が踏み込みにくい領域です。

例えば「雨漏りがしている」「シロアリが発生している」といったことは、一見しただけではわかりません。オーナーチェンジ物件では室内を見ることができませんし、建物の外観を見ただけでは雨漏りしているのかも、シロアリが発生しているのかも判別がつかないのです。

こうした建築的調査においては専門の一級建築士が調査を行わなければなりません。建物に傾きがないか、シロアリの被害がないか、構造上の問題がないか、給排水管は大丈夫か等、建築に関する必要な検査項目をすべて調査するのです。

本来、そのような建築的調査で問題のない物件のみを投資対象にしなければなりません。どんなに計算上の資産価値が高くても、建物自体に致命的な問題があれば入居者は集まらないのです。

ところが実際のところ、収益物件の購入にあたり、物件評価や収益性の計算はできても、建築的調査の心得があるという個人投資家はほとんどいません。プロに依頼するにしても、どのように発注すればいいのか。またその報告をどのように読み解けばいいのか――。世の中の不動産投資本でも建築的調査に触れているものはほとんどありません。その結果、「買ってはいけない物件」を購入してしまう失敗が頻発しています。

日本では建築に関わる調査が不動産取引にあたって義務付けられていないのもその一因です。

私は大学卒業後、大手不動産会社にて商業施設（ショッピングセンター）の開発・運営業務（用地取得業務、テナントリーシング等）、オフィスビルの開発・運用業務等の不動産実務に携わってきました。

そして、平成17年に独立して、オーナー社長をはじめとするインカムリッチの富裕層に対して、収益用不動産（主に賃貸アパート・マンション）を用いた資産形成のサポート事業を展開しています。

設立以来、約1300棟、1000億円の一棟もの賃貸アパート・マンションを取引。また、売って終わりではなく販売後の賃貸管理にも力を入れて、独自の手法（プロパティマネジメント）により管理戸数1万3000戸、入居率97％以上を維持しています。

こうした経験の中で培ったノウハウを皆様に伝えるべく『利益と節税効果を最大化するための収益物件活用Q＆A50』『会社の経営安定 個人資産を防衛 オーナー社長のための収益物件活用術』など複数の書籍を上梓し、非常に多くの反響がありました。

3年ぶりの新刊となる本書では、建物選定のノウハウ――収益物件の建物にフォーカスをあて、いかに建物を見て、さらには買ってはいけない物件（建物）を見極めるかを解いていきます。

「どのような観点で調査を行うべきなのか」
「どのような物件は買ってはいけないのか」
「どんな物件であれば修繕を行うことができるのか」
「修繕コストがいくらくらいかかるのか」

このように、収益物件を「建築」の視点で説明していきます。このような建築的調査（インスペクション）の観点を持つことで、物件購入から運営、そして最終的な売却というトータルで見た不動産投資がより成功に近づいていくことは間違いありません。

また、読者の皆様が建築的知識を持つことで、より良質な物件が流通するであろうと考えています。安心安全な流通が実現できれば、最終的には不動産業界、特に収益不動産の業界の質の向上にもつながることでしょう。

建築の話が中心になりますので、一部専門的な話が出てきますが、できるだけ一般の方にもわかりやすく平易に説明をしていくつもりです。

本書が収益物件流通の質の向上に貢献することができれば望外の喜びです。

平成31年3月　大谷　義武

目次

第1章

中古収益物件流通の背景

■相続税改正により収益物件の売却が増加

かつて賃貸アパートやマンションの所有者といえば、地主さんに限られていました。しかし、この20年弱の間に日本の将来に対する不安が人々の間に拡大し、非地主層による収益物件の購入が始まりました。

その人口も年々増えて、今では不動産投資が一般的になってきています。いわば、この20年弱の間に収益物件を売買する市場が形成されたといえます。

一方で、収益物件を売る人も増えています。これは相続による売却の増加です。日本では人口構成上70代以上の方々が多く、年々お亡くなりになる方の数が増えています。亡くなる方の数が増えるということは、その数に比例して相続の件数も増加していることになります。

それに加えて、平成27年からの相続税の大幅な増税により、相続税を納めなければいけない人の数もほぼ倍増（4・4％→8％）しました。そのため、相続税を納めるために収益物件を売らざるを得ない人の数も、大幅に増えているのが実情なのです。

将来に不安を抱く理由から収益物件を買いたい人の数が増大し、今後もその流れは加速していくことが予測される一方で、相続によって物件を売却していかなければいけない層の増加も確実視されています。

つまり、買う側と売る側がともに増加していき、収益物件の売買の数がどんどん増えていくことがご理解頂けるかと思います。今後、我が国においては、収益不動産売買の市場のますますの拡大が確実視されます。

■収益物件の利益に対する基本的な考え方

続いて収益物件による資産運用の基本的な考え方を述べます。大きく2つの観点が必要になります。

1つ目は投資回収です。収益物件は購入時から賃料収入を得ます。これは投資回収を行うことと同義です。1億円の物件を買って、7年間で2000万円の純収入（経費、税金控除後）を得られる場合は8000万円が原価、つまり損益分岐点になります。できるだけ早く投資回収をしていくことが利益を出すためには求められます。

そのためには、利回り（厳密には税引き後の利回り）の高い方が利益も出やすくなります。詳細は拙著『利益と節税効果を最大化するための収益物件活用Q＆A50』を参照ください。

2つ目として、収益物件の資産運用においては、最後に出口（売却）が必要となります。出口、つまり売却をして利益（損）が確定するのです。これは株式投資の考え方と全く同じです。投資をして配当を受け取り、最後に売却して利益が出たか、それとも損失になってしまったかがわかるのです。

たとえば1億円を投資して2000万円の投資回収が進んでいたとしても、売却時で6000万円になってしまえば損失になってしまいます。

逆に、売却時に9000万円であれば利益が出ます。そのため、売却時の物件価格が重要になります。**収益物件の運用においては、利回りが高いことに加えて、いかに物件価格が下がらない物件を取得していくかが大切になります。**

なお、収益物件においては土地値以下にはなりません。どんなに賃料収入が低くても、その物件の更地価格、つまり土地値がその物件の下限になるからです。そのため、できるだけ土地値の高い物件を買う方がリスクも少なくなります。

> **ポイント** 収益物件の損益判定は、投資回収と売却時の物件価格の2つの観点が重要

■新築収益物件、中古収益物件のメリット・デメリット

収益物件を買うにあたっての選択肢となるのが「新築」か「中古」ですが、それぞれにメリットとデメリットがあります。

まず、新築物件のメリットから解説します。最新設備が導入された新築は、必然的にきれ

いな物です。信用のおける建築会社が施工をすれば、建物に関する心配はないのも大きなメリットになるでしょう。

一方で、新築物件は中古に比べて利回りが低いというデメリットがあります。利回りが低いということは、投資回収が遅くなりますから、投資という観点から見ると大きな問題です。

さらには新築ゆえに賃料が高めに設定されていますので、将来において大幅な賃料下落リスクがあります。というのも新築物件は１回目の入居者に対して、賃料が新築プレミアムという形で特別に高く設定されているからです。さらに賃料下落は利回りの低下へ直結します。初期の賃料が10万円でも、２回目の入居者からは９万円に下がるなどざらにあります。

また、新築だからと６％の利回りで物件を買う人がいたとしても、築５年ともなれば７～８％でなければ買う人はいないでしょう。これをキャップレート（期待利回り）の上昇といいます。

このように、「賃料の下落」と「キャップレートの上昇」が同時に起こってしまうのが新築物件の怖さです。詳細は後述しますが、これによって物件価格が下がってしまうのです。

なぜなら収益物件の価格は、「賃料と期待利回りの掛け合わせ」によって決まるからです。

つまり、賃料が下がってしまうこと、さらには期待利回りが上がってしまうことは、ひとえに物件価格の下落に直結してしまいます。

加えて、新築物件においては物件に占める土地値の割合が小さくなるのが一般的です。この観点からも、物件価格の下落幅が大きくなってしまうのは見逃せないデメリットです。

そのため筆者は新築物件に関して、よほどの事情がない限りお勧めしない立場をとっています。

それに比べて中古物件は新築物件の逆です。設備はおろか、建物本体が古いため状態が悪い場合も多くあります。ここが唯一のデメリットになります。

しかし、一般的には賃料の下落リスクが、新築のように大きくはありません。もちろんレントロールをきちんと見極める必要はありますが、物件購入後にキャップレート（期待利回り）の上昇もほとんどありません。

また、物件価格に占める土地値の割合が大きいため、価格下落も新築物件に比べれば小さくなるのが一般的です。そのため、価格下落リスクが少ない（小さい）のが中古物件の魅力となります。

詳細は本書では触れませんが（拙著『利益と節税効果を最大化するための収益物件活用Q&A50』参照）、短期間に減価償却をとれるので節税効果も見込め、税引き後の投資回収額が大きくなります。

これらが中古物件のメリットで、筆者は基本的に中古物件での資産運用を勧める立場をとっています。しかし、中古収益物件については繰り返しになりますが、建物に関するリスクがあるため、このリスクをいかに排除して物件を取得していくかが大切だと考えます。

ポイント 利益を出すためには新築は不向き、中古収益物件が適している

■収益物件価格の決まり方

収益物件の価格はどのように決まるのでしょうか。収益物件は、基本的には年間の賃料収入とキャップレート（期待利回り）との関係で決まります。計算式でいえば次のとおりです。

年間賃料収入 ÷ キャップレート（期待利回り） ＝ 物件価格

例えば、年間の賃料収入が１０００万円で、この物件を10％の利回りで買いたい場合は次のようになります。

１０００万円 ÷ 10％ ＝ １億円

これが賃料収入が1割下がれば、

900万円　÷　10%　＝　9000万円

となり、単に賃料収入が下がるだけでなく、物件価格が大きく下がってしまうことになります。また、期待利回りが1%上がると次の計算となります。

1000万円　÷　11%　＝　約9000万円

このようになり、同じく物件価格が下がってしまいます。これをもとに新築物件の場合で試算しましょう。次のとおり、新築物件は賃料が下落し、同時にキャップレート（期待利回り）が上がってしまいます。

600万円　÷　6%　＝　1億円
↓
500万円　÷　7%　＝　約7140万円

そのため資産運用という観点から、新築物件は物件価格が下がってしまうため、利益が出にくい物件であるといえます。これが「利益を最大化する」という観点から資産運用を考えた場合に、中古収益物件を勧める理由になります。

ポイント　収益物件は年間賃料収入とキャップレート（期待利回り）の関係で決まる

収益物件は不動産的調査と建築的調査の二方面から調査する

収益物件による資産運用において、「中古の方が優れている」と述べました。しかし、中古であれば何でも良いわけではなく、「中古収益物件にもリスクがある」ことをきちんと理解する必要があります。

そのリスクとは、物件そのもののわかりにくさです。中古の収益物件を取得するにあたっては、不動産的調査と建築的調査の二方面から調査を行う必要があります。

・不動産的調査

不動産的調査とは、その立地に収益物件として賃貸需要や流動性があるのか更に加えて間取り、それに賃料設定（レントロール）の妥当性などの、いわゆる不動産的な調査のことです。

この調査は一般の方にも馴染みがあり、多くの方が物件を取得するときに実行しているのではと思います。これらをきちんと行うことによって、買ってよい物件を見極めるのが主な目的になります。もしくは、売主と価格交渉するための判断材料となります。

前面道路の問題、水道管の問題など不動産の法規に関する調査は、不動産会社が重要事項説明書で説明してくれる範疇ですから、あえて自主的にする必要もないでしょう。ただし、当社ではこの調査を自社で行うだけでなく、外部の専門会社に依頼して徹底的に行っています。

お恥ずかしい話ですが、不動産業界にはいい加減な会社も混在しており、その調査を100%信用できないところがあります。建築基準法に則り、建替えのできない道路であるにも関わらず、知らないで購入してしまえば大変なことになります。そのような意味においても、不動産の法規に関する調査は地味ですが非常に重要です。

・建築的調査

一方、あまり馴染みのないのが建築的調査（建物調査）です。現状の法令では、この建築的調査が必須になっていないためです。**収益不動産の市場においては、この建築的調査がされていない不動産が流通しているのが実態です。**

「建物が傾いていないか」「シロアリの被害はないか」「建物の構造上で問題はないのか」「建築基準法に照らして違反建築ではないか」など、その項目は多岐にわたります。

中古収益物件は資産運用の対象として魅力的であることを前述しましたが、デメリットとして、建物の状態がわからない点があげられます。つまり、そのデメリットを克服していくためにも、**中古収益物件を購入するにあたっては、この建築的調査が必須である**と考えます。この調査をせずに物件を購入するのは、物件を一度も見ずにして買う行為に等しく、これでは資産運用ではなくて、ただの「博打」であるとしか私には思えません。

建物調査をする目的は、２つあります。まず一番目の目的は、「買ってはいけない物件をはじく」「除外する」ということです。物件の中には傾きが大きく、買っても再生できないケースも多々あります。このような物件を調査の段階できちんと除外するのが建物調査で最大の目的になります。

二番目の目的は、再生が可能な不具合に関して、どれくらいのコストがかかるのかを事前に計算することです。例えば、屋上防水や外壁が傷んでいる場合には、物件を取得してからこれらの工事を行う必要が出てきます。建物調査をすれば、この工事費用を事前に計算できます。そこから逆算して購入可能金額を算出すれば、売主と交渉する判断材料にもなります。

このように当社は物件の仕入れにおいて、不動産的調査と建築的調査を徹底的に行っています。調査を厳しくすればするほど購入できる物件は少なくなっていくのですが、不動産という巨額の投資を行うにあたっては当然のことであるともいえます。

最近はこの建築的調査を自社の物件に限らず、広く提供していくつもりでインスペクションサービスを開始しました。他社で物件を購入する方の安心のために尽力しています。この建物インスペクション調査がもっと一般的になることで、安心した不動産の流通が実現できると考えていますので、今後は行政にも働きかけていくつもりです。

> **ポイント** 中古収益物件では建物調査が大切。建物調査では「買ってはいけない物件の判別」「修繕にコストがいくらかかるか」を見極める

■建物調査を拒む取引はしてはいけない

前述のとおり、中古収益物件は利益を出すには最適なツールといえますが、その一方でリスクもはらんでいます。そのことがご理解いただけたかと思います。

そうした中で多くの投資家は不動産的調査にばかり注力する傾向にあり、建築的調査を行

うことはほとんどありません。実際のところ、建物に不安があっても「不動産会社のいうことを鵜呑みにする」「自分が見てもわからないと諦めてしまう」ケースがほとんどです。たしかに建築のプロでなければ、建物を見てもどこをチェックして良いのかわからないのは事実でしょう。

建物調査を行わずに物件を取得するのは非常に危険であり、もしも建物調査が行えないのであれば、中古収益物件の取得自体を見合わせるべきであるともいえます。逆に、きちんと建物調査を行うことができれば、購入前にリスクへの対策を打つことができます。中古収益物件は利益を出しやすい資産運用ですから積極的に取り組む価値があります。

第２章以降では、どのような観点で調査を行うべきなのか、どのような物件は買ってはいけないのか、物件の修繕コストがいくらくらいかかるのかといった収益物件の見極めのポイントを建築の視点で詳述していきます。

第2章

こんな物件は買ってはいけない

■違反建築物件のリスクとは

買ってはいけない収益物件として、最初にあげられるのは違反建築です。違反建築とは建築基準法を遵守できていない違法な建物です。こうした違反建築はよほど安い場合を除き基本的に購入してはいけません。違反建築である収益物件を購入してしまうと、大きく次のリスクを背負うことになります。

・法律を満たしていないため、入居者の安全が担保されない

安全性が担保されていないため、事故などがあった場合に、所有者責任を問われる可能性があります。

・融資が出にくい

金融機関は違反建築には融資を出さないケースがほとんどです。銀行の融資が出なければ、将来的な売却が困難となる恐れがあります。

このような理由により、**違反建築は基本的に避けなければならない**といえます。当社はこれまで、数多くの中古収益物件の取引を行ってきました。中古収益物件においては、違反建築をかなりの確率で目にします。

違反建築がこれほど流通している理由について、「建築確認済証」「建築確認通知書」「検査済証」と絡めてご説明します。

「建築確認済証」「建築確認通知書」は、建物の建築に際し、提出した建築確認申請書に記載されている事項が、建築基準法に定められた内容に合致していることを確認した旨を記載した書面のことをいいます。改正建築基準法（平成11年5月1日施行）以前は、「建築確認通知書」、以降は「建築確認済証」と呼ばれています。

ごくまれに「建築確認済証」「建築確認通知書」のない建物があります。これは、申請をせずに建築した重度の違反建築物です。建築確認台帳記載事項証明書、建築計画概要書と呼ばれる書類を行政（建築審査課）で閲覧、または発行してもらうことで当時の申請状況が確認できます。

購入を考えている物件があれば建築確認台帳記載事項証明書、建築計画概要書を取得し、どのような申請内容で建築されているかをまずはチェックしましょう。

次は「検査済証」についてです。「検査済証」とは、先ほどご説明した「建築確認済証」「建築確認通知書」の内容と相違なく、建築物が建築されていることを検査して確認した後に発行される書類をいいます。違法増築がなければ、「検査済証」が発行された建物は違反

【参考】特定行政庁（建築主事）・指定確認検査機関における検査済証交付件数・完了検査率の推移

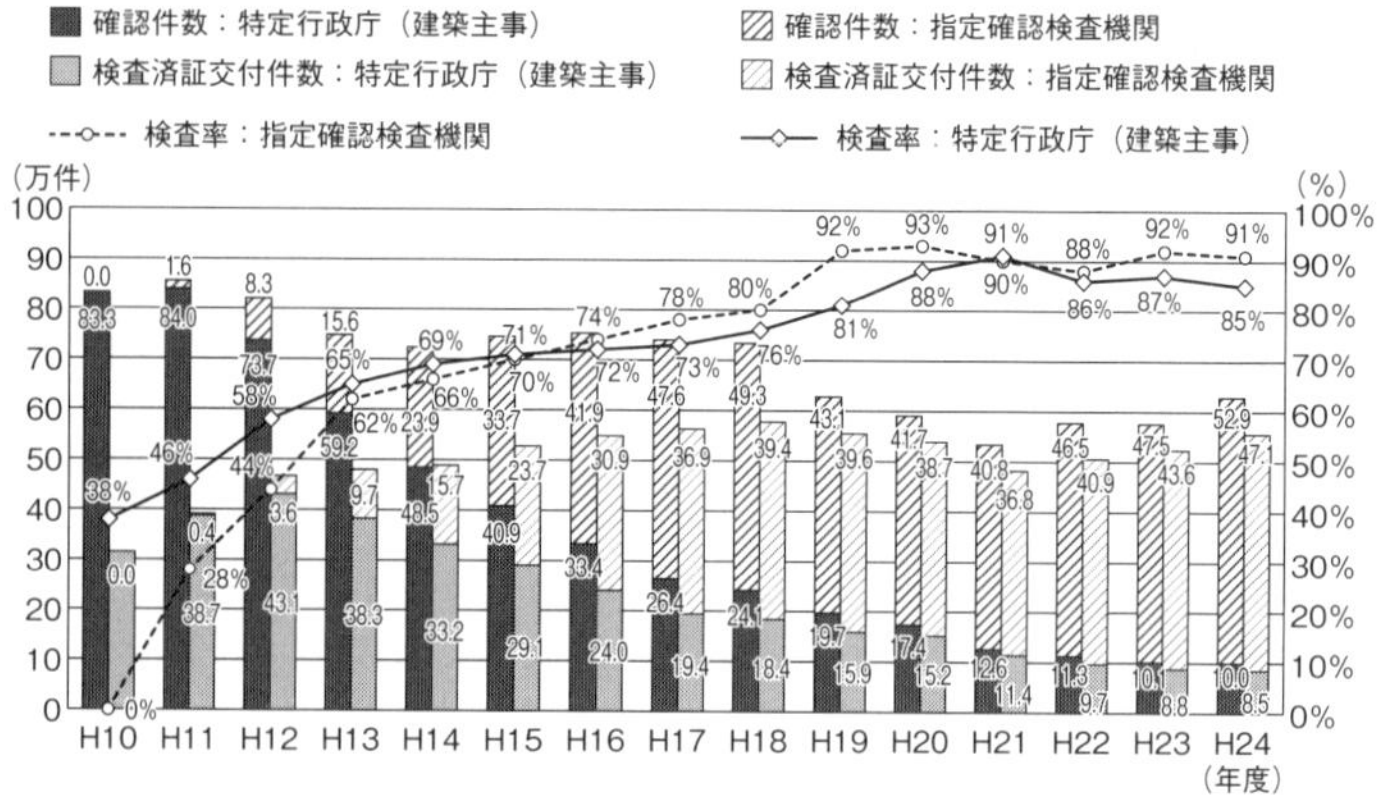

※完了検査率＝当該年度における検査済証交付件数／当該年度における確認件数

図：検査済証の取得率について

のない合法な建物といえます。

「検査済証」の普及率についてですが、現在ではほぼ100%の確率で取得されているといってもよいでしょう。国土交通省がまとめた資料によれば、平成10年度時点の完了検査率（検査済証交付件数／建築確認件数）は38%となっていますが、かつては5~20%程度だったともいわれています。

ここまで「検査済証」が普及した要因は、平成14年から16年に実施された各都道府県による3カ年計画にて、国や自治体が違反建築物の取り締まりを強化したことです。

さらに、平成15年に国土交通省から各金融機関に対して、完了検査に基づく「検査済証」のない建築物への住宅ローンの融資を控えるように、といった要請がされたことも

「検査済証」の普及要因の1つとなりました。

しかし、市場で取引されている築古の収益物件は「検査済証」がない物件がほとんどです。当社の取引物件の9割は「検査済証」がない物件です。建築確認を受けて着工し、竣工後に完了検査を受けていないパターンです。こういった背景により、違反建築が広く市場に流通しているのです。

違反建築は基本的に購入しない

違反建築物件の種類

中古収益物件は節税効果・利回りが高いというメリットがある一方で、建物の遵法性がわからないというリスクがあります。違反建築となってしまう要素は数多く存在します。次項からは、中古収益物件で特に多い、違反建築の詳細について解説します。

・建ぺい率オーバー（違反建築）

建ぺい率とは、敷地面積に対する建築面積の割合です。建築面積とは、建築基準法では建築物の外壁、またはこれに代わる柱の中心線で囲まれた部分の水平投影面積を表します。わかりやすくいえば、建築物の1階が占める面積に、軒・ひさし・出窓など突出部が1mを越

$$\text{建ぺい率} = \frac{\text{建築面積}}{\text{敷地面積}} \times 100\ (\%)$$

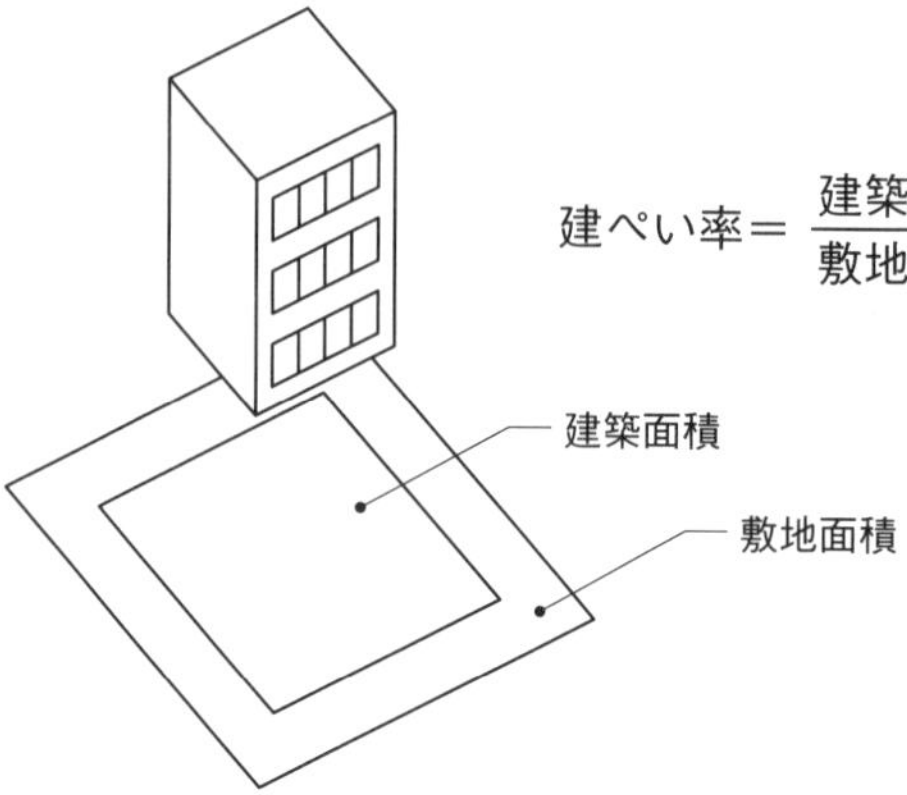

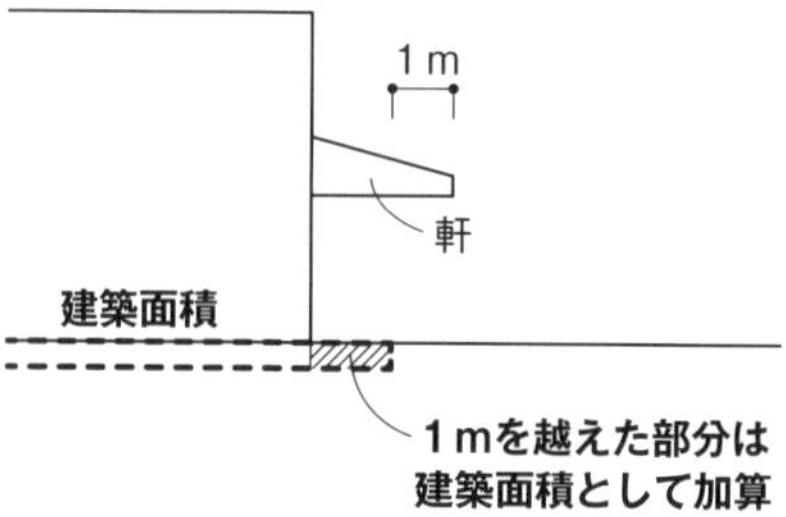

図：建ぺい率・建築面積・敷地面積

えた部分を加算した合計面積になります。

建ぺい率を指定する目的は、住環境の配慮です。**当社が買取調査を実施した中で、最も多い違反建築の違反事項は、この建ぺい率オーバーです。**建ぺい率は地区・地域で決められており、30〜80％の間で指定されています。また、街区の角地にある敷地・防火地域内にある耐火建築物では緩和措置があります。この指定された建ぺい率を越えた違反建築物が多く存在しています。

この建ぺい率オーバーとなる要因ですが、本来建築面積に含まれるべき共用廊下やベランダが含まれていないため、超過しているケースが多いです。共用廊下やベランダをキャンティレバー構造（片側だけが固定されて他方が固定されず自由になっている、片持ち式の構造）でつくった場合、この部分は建築面積に含みません。

よく見受けられる違反として、建築確認申請時はキャンティレバー構造で予定していたものが、実際に建築されている建物には独立柱があるというケースです。独立柱があることにより、共用部などが建築面積に含まれ、建ぺい率オーバーとなってしまうのです。

建ぺい率の確認をするときの注意事項についてですが、１階部分の登記面積と建築面積は違うということです。この１階部分の登記面積には本来含まれるべき階段・共用廊下・ベランダなどの面積がほとんど含まれていません。

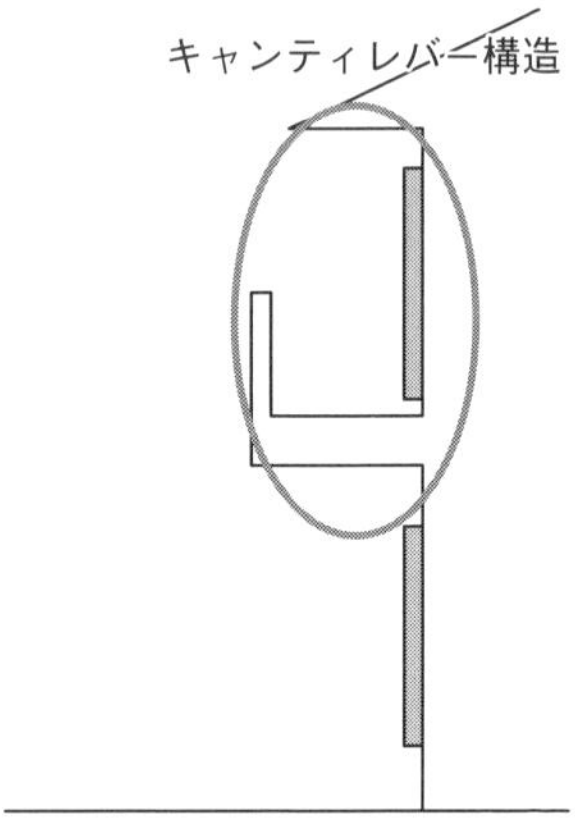

図：キャンティレバー構造

正しい建築面積を算定するには、まず正しい設計図面があるか確認が必要です。ここでいう正しい設計図面とは、実際に建てられている建物の図面です。中には建築確認申請時の図面が、実際にできた建物と大きな相違が見られるものもあります。この設計図書から各部屋の専有面積の合計に、含まれるべき共用部の建築面積を加算して建築面積を求めてください。

正しい設計図書がない場合についてですが、建物表題登記に使用された各階平面図に、含まれるべき共用部の建築面積を加算します。含まれるべき建築面積を求めるためには、現地測量が必要になります。

この建ぺい率オーバーという違反は、前述したとおり、最も多い違反事項になります。違反建築物を購入しないために、正しく建ぺい率が計算されているか事前に確認することは非常に重要です。

●建ぺい率オーバーは最も多い違反項目
建ぺい率オーバーは是正が困難な為、要注意

・採光不良（違反建築）

違反建築物の違反項目の中で建ぺい率オーバーの次に多い違反が採光不良です。そもそも採光不良とは何でしょうか。建築基準法では、居室に採光のための開口部の設置を義務付けています。居室面積の１／７以上の採光に有効な窓が必要となります。

採光というと、日当たりを想像する方が多いと思いますが、建築基準法では採光に有効な窓とは天空光を指しています。北側で一日中陽があたらない窓でも、条件を満たせば採光に有効な窓となります。

この採光に有効な窓面積が不足している場合に、採光不良という違反となってしまいます。正確な合否に関しては、建築士などの専門家に見てもらうことをお勧めします。

当社の買取調査では、隣地境界線と軒先などの先端の水平距離が１・４ｍ未満の２階建ての建物は、必ず採光計算を行うようにしています。ここで道路に面し大きな窓を設けている部屋は、採光に有効な窓面積の検討は不要です。

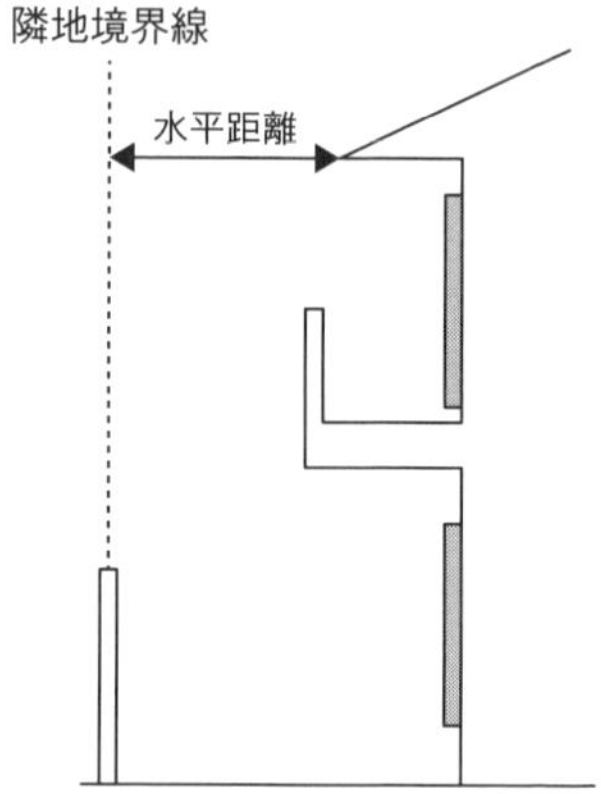

図：採光の考え方

冒頭で述べたとおり、採光を満たしていない建物は多く存在しています。それは、確認申請時と竣工時の建物の相違に起因しています。確認申請時の図面と建物配置が違ったり、申請図面にはないベランダがあったり、申請図と比較して軒の出が大きくつくられていたりするなどがあります。これらは意図的な採光不足の違反建築物になります。**狭小地に目いっぱい建っているワンルームアパートに、特に多い違反事項です。**

採光不良を是正することは実質的に不可能です。窓を増やしたり、大きくしたりすることが非常に難しいからです。

是正がほぼできないため、特に気を付けたい違反項目といえます。日当たりや風通しのよい部屋を提供するため、最低限必要な条件が建築基準法で決められています。採光不良物件は、入居者へ快適な住環境の提供ができない違反建築物です。違反建築物に対しては除却命令などの行政的措置が取られることもあります。採光不良の疑いがあれば、採光計算により正確な合否を確認することが非常に重要です。

●採光不良は2番目に多い違反項目
採光不良は是正が実質的に不可能の為、要注意

・違法増築（違反建築）

10㎡（約6帖）を超える面積の増築には、建築確認申請が必要になります。これまで多くの収益物件を見てきましたが、増築された収益物件を目にしたことは多々あります。この増築された収益物件のほとんどは、建築確認未申請の違反建築となっていました。

増築の建築確認申請を出すためには、既存建物が検査済証を取得していることが前提になります。これは既存の建物が建築基準法関連法規に対して、合法に建っていなければ増築を認めないというルールによるものです。検査済証の取得率の低さにより、建築確認申請を出せず、違反建築となってしまっているのです。

違法増築のリスクは、行政からの取り壊し命令が出る可能性があるということです。そのまま放置すれば、強制的に取り壊され、費用請求されることも考えられます。

違法増築の見極め方についてですが、まずは登記簿謄本を確認することです。新築後に増築され、登記されたものがないか確認することができます。未登記の増築については、現地確認をすることで発見できます。明らかに後付されているようであれば、増築の可能性が高いです。

確実なのは、建築計画概要書と呼ばれる書類に添付されている図面と、現況を比較することです。この建築計画概要書は、管轄の行政の建築審査課で取得できるケースが多いです。この概要書がなければ、表示登記のために作成した平面図と現況を比較することも有効です。この表示登記のために作成した平面図は、法務局で入手することができます。

増築が確認された場合、建築確認申請が出ているか行政に確認することができます。未申請であれば、違法増築の違反建築となってしまいます。

違法増築は、共同住宅部よりも貸店舗部に多く見られます。店舗の物品倉庫や従業員用の控室などを違法増築している物件は多く存在しています。

また、所有者が建設会社や工務店などの場合にも、違法増築が多く見られます。建築に対しての知識があるゆえに、収益性を高めるため違反を犯しているのです。建築計画概要書の内容を確認した際に、所有者と施工者が同じような場合は特に注意が必要です。

●増築の確認申請
10㎡を超える面積の増築には、建築確認申請が必要
違法増築のリスクは行政からの取り壊し命令

・不適切な界壁（違反建築）

界壁とは共同住宅において、所有者や利用者が異なる隣室との境界になる壁をいいます。建築基準法に則れば、界壁には遮音性能や防火性能が求められ、小屋裏か天井裏に達するように設けることとされています。界壁を設置する目的は、隣室からの火災時の炎や生活時における騒音が簡単に侵入しないようにするためです。

この界壁は一定の性能が求められているため、施工の手間がかかりやすいことや、完成後には隠れてしまい目立ちにくいことから、手抜き工事が多々見受けられます。昨今、某アパートメーカーの施工で、この界壁施工不備問題が大きく取り上げられました。

当社でも、この某アパートメーカー施工の建物を見てきましたが、界壁自体がつくられていなかったり隙間だらけであったり、厚みが薄かったりと正しく施工されていないものが多く存在していました。

不適切な界壁は当然、改修工事が必要となります。共同住宅での界壁の是正工事は、非常

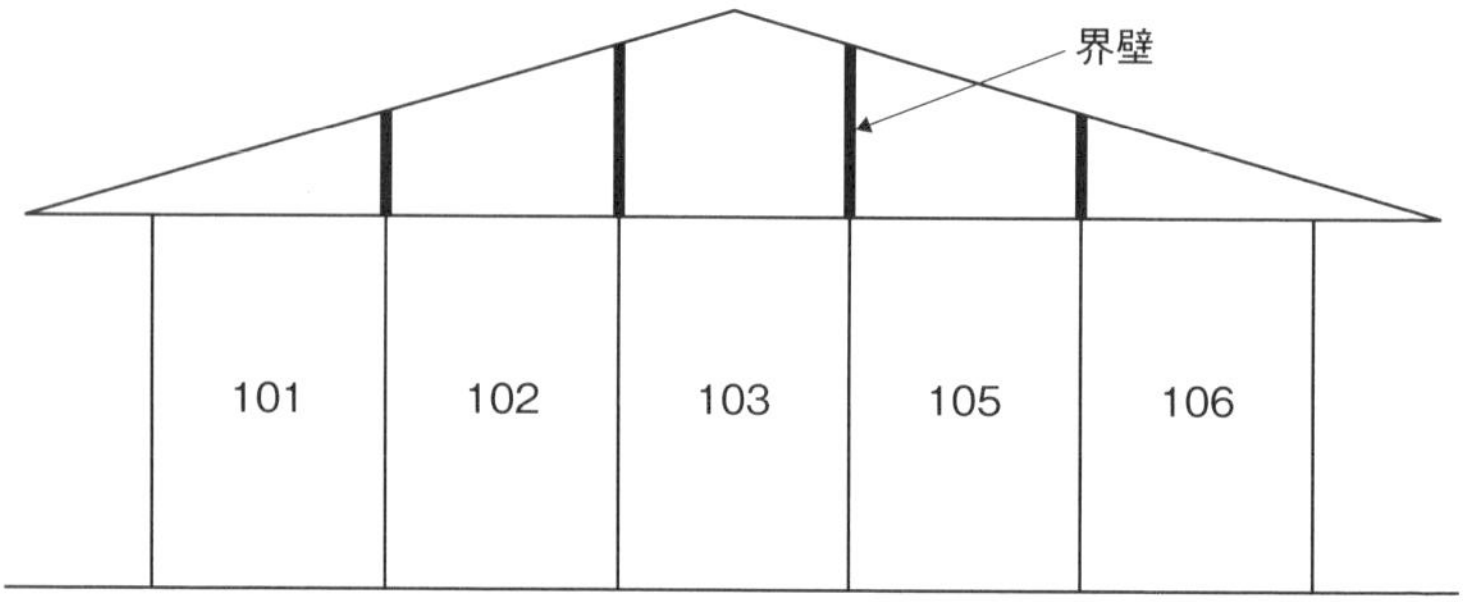

図：界壁

に難しい工事となります。工事の手順は以下のようになります。

【界壁の是正工事】

1 工事を始める前に傷がつかないように養生をする
2 天井を一部解体する（建材や人が入れる程度の大きさ）
3 界壁の下地をつくる
4 界壁の仕上げを行う（石膏ボードを貼るなど）
5 天井を復旧する
6 天井の仕上げを行う（クロスを貼るなど）
7 養生を撤去、クリーニング

このように比較的大掛かりな工事となるため、3日間程度の工期となります。また、界壁は両側から施工が必要となり、隣り合う2室を同時に工事しなければなりません。入居者の日程調整などが必要となり、これにも多くの労力を費やします。

近年では検査機関での界壁のチェックが当たり前になっていますが、築年数の古い物件では実行されていない可能性があります。

このような界壁によるリスクを回避する、効果的な方法を紹介させていただきます。最も簡単な確認方法はユニットバスの点検口からの目視です。ユニットバスの天井には点検口が設置されていることがほとんどです。この点検口は簡単に手で押し開けられます。ここから隣室側を見て界壁の状況がわかります。界壁の構造までは把握できませんが、有無の確認ができます。

界壁は火災時の延焼を防ぐなど、「人命救助のための時間づくり」という大きな役割があります。また、生活音を遮断するという入居者の快適な生活に大きく関わってきます。界壁は共同住宅において重要な部位です。適切な界壁が施工されているかの確認は非常に大切です。

界壁の無い建物は是正が大がかりな工事になる為、要注意

・天井高1・4mを超えるロフト（違反建築）

狭小地に建つワンルームの物件には、ロフトがつくられているケースが多いです。ロフトは建築基準法では「小屋裏物置等」といいます。小屋裏物置等に関する規定はいくつかありますが、特に重要な2点が以下です。

【小屋裏物置等の規定】

・ロフトの床面積が、ロフトがある階の床面積の1／2未満であること
・ロフトの天井高の最も高い部分が1・4m以下であること

ロフトの経済的メリットとして、ロフトは法定延床面積に含まれないため、固定資産税の課税対象面積にも含まれないという点があげられます。しかし、前述の規定を遵守していなければ、ロフトではなく「階」とみなされてしまいます。

買取調査をしてきた中で、ロフトの規定を遵守していない建物を何件も目にしてきました。傾向としてメーカーではなく、地元の工務店で施工した建物に多いようです。

違反の内容としては、ロフトの天井高が1・4mを超えているものがほとんどです。ロフトの天井高が守られていなければ、建物自体の高さ制限も遵守されていない可能性が高まります。

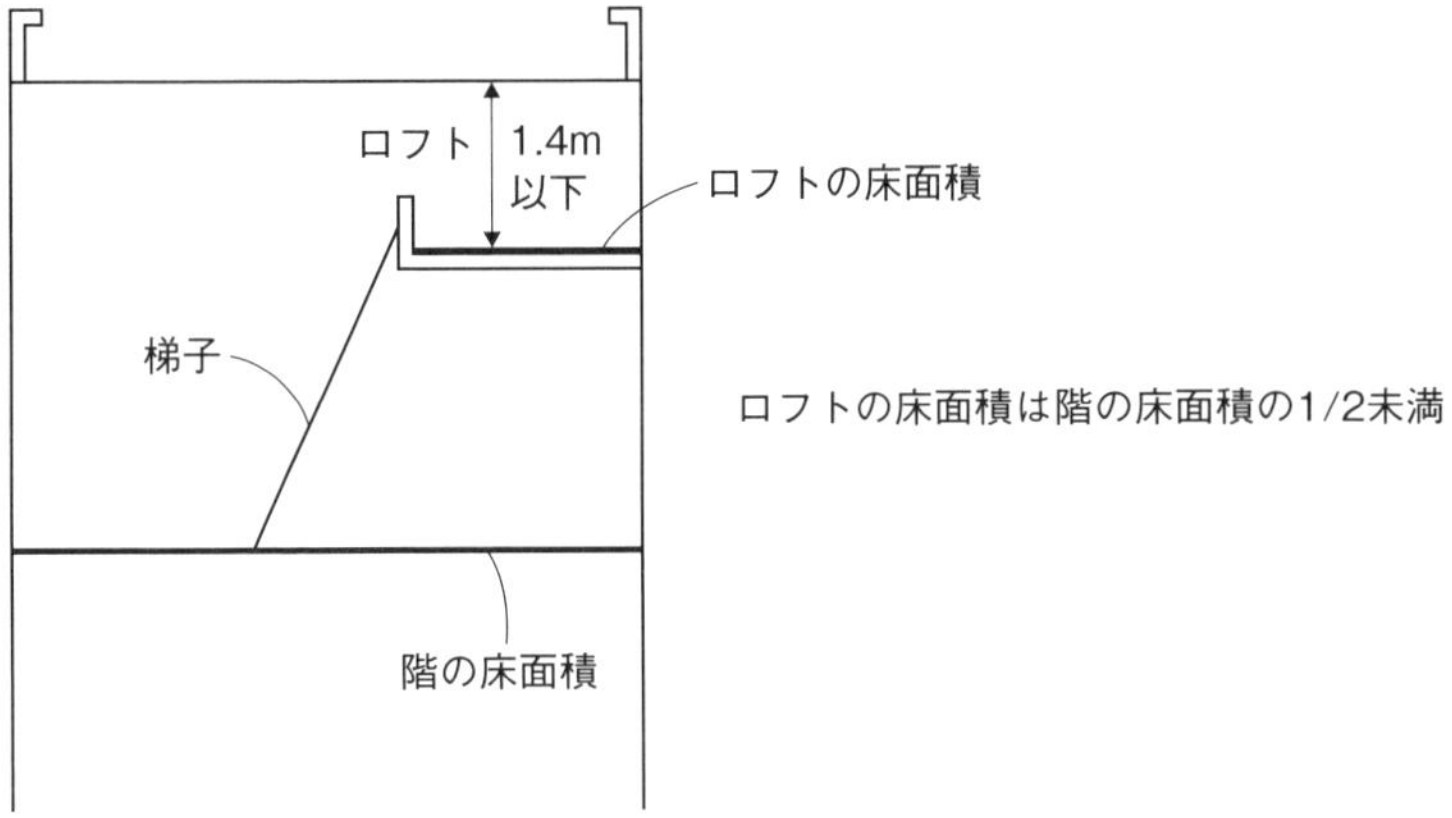

図：ロフトの制限

ロフトの天井高を是正することは、既存の天井を下げれば良いだけのため、それほど難しくありません。しかし、高さ制限については建物の高さを下げなければならないため、是正は不可能です。

不動産投資という観点から見ると、ロフトは収益性を高める手段として非常に効果的です。一方で、ロフトの設置基準を遵守する義務があります。

ロフト天井高という基本的なことが遵守されていなければ、遵法性に関しての意識が低く、他にも大きな違反が見つかる可能性が高くなります。このような物件の購入を検討しているのであれば、建築士など専門家による詳細な遵法性調査をお勧めします。

> 違法なロフトがある物件は遵法性に関しての意識が低い為、要注意

・安全な避難経路が確保されていない（違反建築）

建物には適切な避難経路を設けることが義務付けられています。安全な避難経路に代表されるものをご紹介します。

・二方向避難

二方向避難とは火災などの緊急時に安全に非難できるよう、二方向に避難経路を設けることです。その際に、別々の階段を設けなければならない建物もあります。共同住宅では、その階の居室部分が２００㎡（※）を超えるものは、２つ以上の直通階段が必要となります。

※主要構造部が不燃材料でなければ１００㎡。

・廊下の幅員確保

一定規模の共同住宅の廊下は、幅員確保が義務付けられています。その階の住戸部分が１００㎡を超えるものは、片廊下タイプでは１・２ｍ。中廊下タイプでは１・６ｍ以上の有効幅が必要です。この有効幅は最小となる部分で計測します。エアコンの室外機などが設置されていれば、その分だけ幅員は狭くなります。

安全な避難経路に関して、共同住宅における違反はこの2項目が圧倒的に多いです。有名な建築設計事務所が設計・施工した共同住宅においても、避難経路に関する違反を目にしたことがあります。避難経路が確保されていない物件で事故が起きるとどうなるか、過去の判例を紹介します。

平成13年9月1日に発生した歌舞伎町ビル火災をご存知でしょうか。この火災では、44名が死亡し、日本で発生した火災としては戦後5番目の被害となっています。多くの死傷者を出した原因は、ビル内の避難経路の確保が不十分であったためとされています。平成20年7月2日、東京地方裁判所はビル所有者ら被告人5名に執行猶予付きの有罪判決を下しました。**安全な避難経路の確保は所有者の義務です。**防災設備を充実させるだけでなく、建物の避難経路を適切に確保することで、より安全な建物となります。人生の安定につながる不動産投資とするために、このようなリスクを徹底的に排除することが重要です。

安全な避難経路が確保されていない物件で事故があった場合は、所有者責任として刑事罰を問われることもある

・敷地内通路の幅員不足（違反建築）

敷地内通路とは屋外の通路を指します。言い換えると敷地境界から建築物の出入口までの通路です。この敷地内通路は建物利用者である入居者が、安全かつ円滑に利用できるものでなければなりません。

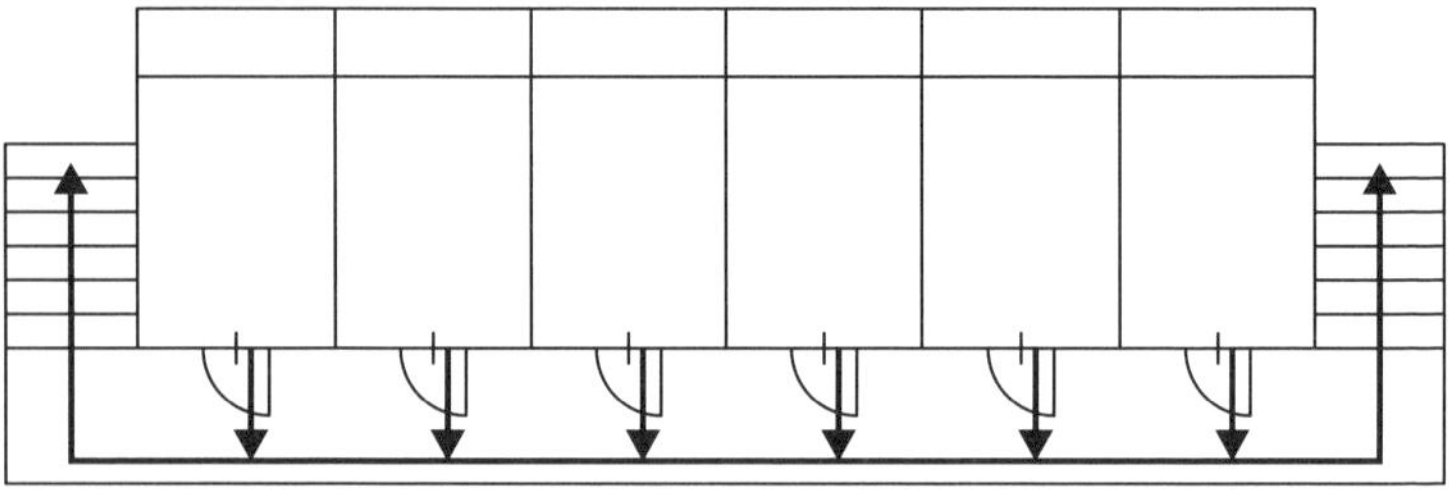

図：二方向避難

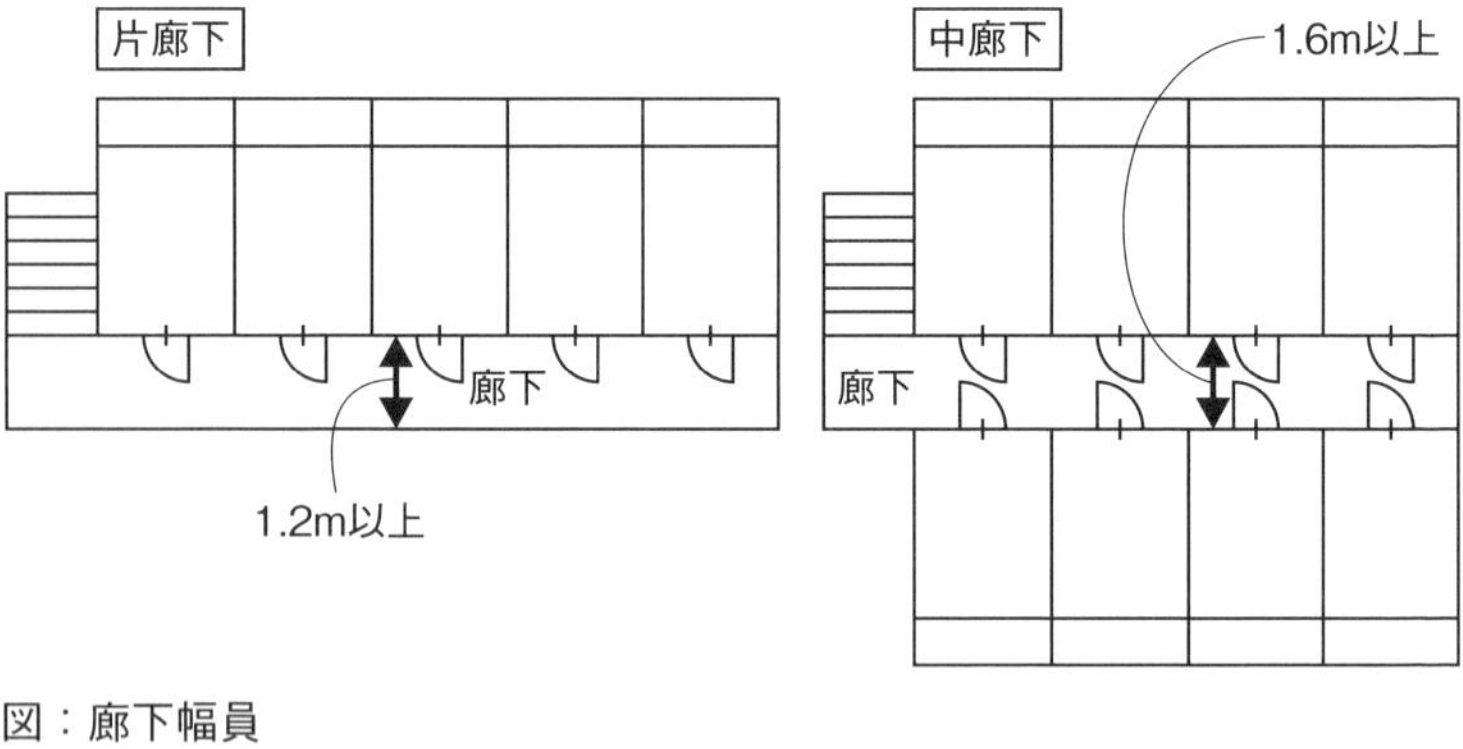

図：廊下幅員

建築基準法第１２８条にはこの敷地内に関する規定が定められています。「敷地内には、避難階段の出口から道又は公園、広場その他の空地に通ずる幅員が１・５ｍ以上の通路を設けなければならない」とあります。

ここでポイントとなるのは「避難階段」に限定されていることです。避難階段と通常の階段とでは何が違うのでしょうか。避難階段は建築物の５階以上の階と、地下２階以下の階に設置が義務付けられています。

５階建て以上の建物・地下２階以下の建物にのみ、この第１２８条の屋外通路の必要幅員が決められています。しかし共同住宅では防災上、安全性向上を目的として、地方の条例の縛りがある場合があります。建築基準法第40条には、「地方公共団体の条例による制限を附加することができる」とされています。

この地方公共団体で附加された敷地内通路の制限が、遵守されていない建物が意外と多くあります。地方公共団体の条例が守られていない＝建築基準法第40条が守られていないことになり、違反建築物となってしまいます。当社で買取調査をした中でも、敷地内通路の幅員不足の物件を数多く目にしてきました。

以下に、当社が買取を行っているエリアでの、敷地内通路の制限に関わる各地方公共団体の条例について記します。

住戸などの床面積の合計	100m²以下	100m²を超え、300m²以下	300m²を超えるもの
幅員	1.5m	2m	3m

図：東京都安全条例（敷地内通路）

【東京都】東京都建築安全条例　第17条

共同住宅の主要な出入口は、原則、道路に面して設けなければなりません。ただし、その出入口の前面に、共同住宅の住戸若しくは住室の床面積の合計に応じて、上の表に定める幅員以上の通路で、道路に20m以内で避難上有効に通ずるものを設けた場合は、この限りではありません。

※住戸の床面積の合計の数値は、耐火建築物にあっては、この表に定める数値の2倍となります。

【埼玉県】埼玉県建築基準法施行条例　第16条、第17条

共同住宅の床面積の合計が100㎡以下のものについては適用しません。

共同住宅の主要な出入口は、原則、道路に面して設けなければなりません。ただし、その出入口の前面に、共同住宅の住戸若しくは住室の床面積の合計に応じて、上の表に定める幅員以上の通路などで、道路に避難上有効に通ずるものを設けた場合は、この限りではありません。

住戸などの床面積の合計	100m²を超え、200m²未満	200m²以上、500m²未満	500m²以上、1000m²未満	1000m²以上
幅員	1.5m	2ｍ	3ｍ	4ｍ

図：埼玉県建築基準法施行条例（敷地内通路）

【千葉県】千葉県建築基準法施行条例　第39条

共同住宅はその周囲に住室の床面積の合計に応じて、50ページの表に定める幅員以上の空地を設けなければなりません。

※外壁・軒裏が防火構造でなければ、1・5m。

【神奈川県】神奈川県建築基準条例　第16条の2

共同住宅の主要な出入口は、原則、道路に面して設けなければなりません。ただし、その出入口の前面に、共同住宅の住戸若しくは住室の床面積の合計に応じて、51ページの表に定める幅員以上の通路などで、道路に避難上有効に通ずるものを設けた場合は、この限りではありません。

【神奈川県横浜市】横浜市建築基準条例　第6条

共同住宅で、次のいずれかに該当するものにあっては、避難上有効な出口を2以上設け、かつ、その主たる用途に供する居室から出口に通ずる避難上有効な幅員2m以上の通路を当該居室ごとに2以上設けなければなりません。

住戸などの床面積の合計	100m^{2}を超え、200m^{2}以下	200m^{2}を超えるもの
周囲空地幅	1m※	1.5m

図：千葉県建築基準法施行条例（敷地内通路）

（1）住戸等の床面積の合計が100㎡（主要構造部を準耐火構造とした建築物にあっては、200㎡）を超えるもの

（2）避難階以外の階で、住戸等の床面積の合計が50㎡（主要構造部を準耐火構造とした建築物にあっては、100㎡）を超えるもの

市で条例が設けられているところは、一般に都道府県条例は適用されず、市の条例のみが適用になります。神奈川県は市で条例が設定されているところが多いです。横浜市・川崎市・横須賀市・相模原市・厚木市・大和市・秦野市・鎌倉市・平塚市・茅ヶ崎市・藤沢市・小田原市が市で条例が設定されています。

各地方公共団体の条例違反は建築基準法違反となります。敷地内通路の幅員不足は「建築後の敷地分筆」や「建築確認申請図面通りに建築していない」などの理由により発生していることが多いです。

各地方自治団体の条例はインターネット上で確認することが可能です。敷地内通路の幅員不足による違反建築物は非常に多く見受けられます。敷地内通路の幅員の調査をすることは、違反建築物をつかまないために

住戸などの床面積の合計	100m²以下	100m²を超え、300m²以下	300m²を超え、500m²以下	500m²を超えるもの
幅員	1.5m	2m	3m	4m

図：神奈川県建築基準条例（敷地内通路）

は、非常に重要といえます。

地方公共団体の条例までの遵法性調査は、過剰だと思われるかもしれませんが、当社の買取調査では、ここまで調査レベルを上げています。

平成30年4月1日から改正宅建業法の施行により、媒介契約締結時における建物状況調査（インスペクション）を実施する者のあっせんや、重要事項説明書・契約書における説明・記載事項の追加等が必要となりました。現在の不動産市況を取り巻く環境を加味すると、今後さらにインスペクションの位置付けが高まり、調査内容も緻密になる可能性が予想されます。

当時は合法だと思って購入した物件が、売却時に強化されたインスペクションで違反建築と判定された場合、大きな問題となってしまいます。時代を先読みし、遵法性調査を緻密に行うことが、大きなリスクヘッジにつながります。

●敷地内通路幅員
各地方公共団体で附加された敷地内通路の制限がある地方公共団体の条例が守られていない＝建築基準法が守られていない
↓違反建築物
敷地内通路の幅員を広げることは難しい為、要注意

■木造物件は要注意！　シロアリ被害

木造の建物がシロアリの被害に遭うことは致命的です。なぜなら、**シロアリの被害により柱・梁などの構造材が欠損し、建物が倒壊してしまうリスクが高まる**からです。木造の物件を購入する際は、必ずシロアリ被害の確認が必要です。

シロアリが生息しやすい条件は、木材のあるジメジメした場所です。当社が管理している関東地方では、ヤマトシロアリと呼ばれるシロアリがほとんどです。このヤマトシロアリの活動時期は4～5月といわれています。活動時期に左右されるため、シロアリ自体を発見することができないケースも多々あります。シロアリが潜んでいる可能性は次を参考に推測できます。

【室内確認】

・床の沈みが大きい
・床鳴りがする
・玄関のドア枠の下部などが腐っている
・ゴキブリが頻繁に発生している（ゴキブリの死骸が多く見受けられる）
・基礎の高さが40㎝以下である
・基礎が布基礎で土が剥き出しになっている
・窓に結露が多く発生している
・クロスにカビが大量発生している
・基礎などに蟻道が見受けられる

【ロケーション】

・近くに林がある
・風通しが悪くジメジメしている

室内確認とロケーションの両面から判断することが重要です。これらの事象が数多く見られるようであれば危険といえます。疑いのある建物は、可能な限り消毒をする必要があります。この消毒工事には多くの労力を費やします。なぜなら工事前にすべての入居者の許可が必要になるからです。

シロアリ消毒の薬剤に１００％安全なものはなく、喘息持ちの方・妊婦の方・化学物質過敏症の方などには、許可をいただけないケースもあります。そのため消毒がしたくてもできない状況に見舞われる可能性があるのです。このようなことから、**シロアリ被害のある物件は絶対に避けなければならない物件**となります。

シロアリ被害の可能性を探るうえで、特に注意していただきたい建物があります。それはラスモルタル工法といわれる外壁の仕上げです。ラスモルタル工法とは、ラス網を貼って左官屋さんが塗り物で仕上げる外壁材です。

モルタルは乾燥収縮や建物の動きにより、ひび割れを引き起こす可能性が非常に高いです。このひび割れから雨水が浸入します。その結果、水分を含んだ木材となり、シロアリの格好の住処となってしまいます。

これまで木造のラスモルタル工法のクラックが多い物件において、シロアリ被害にあったものを多く見てきました。当社ではリスクヘッジの観点から、木造のラスモルタル工法のクラックが多い物件は絶対に購入しません。

シロアリ被害は建物の寿命を大きく縮めてしまいます。場合によっては、倒壊してしまう

写真：蟻道

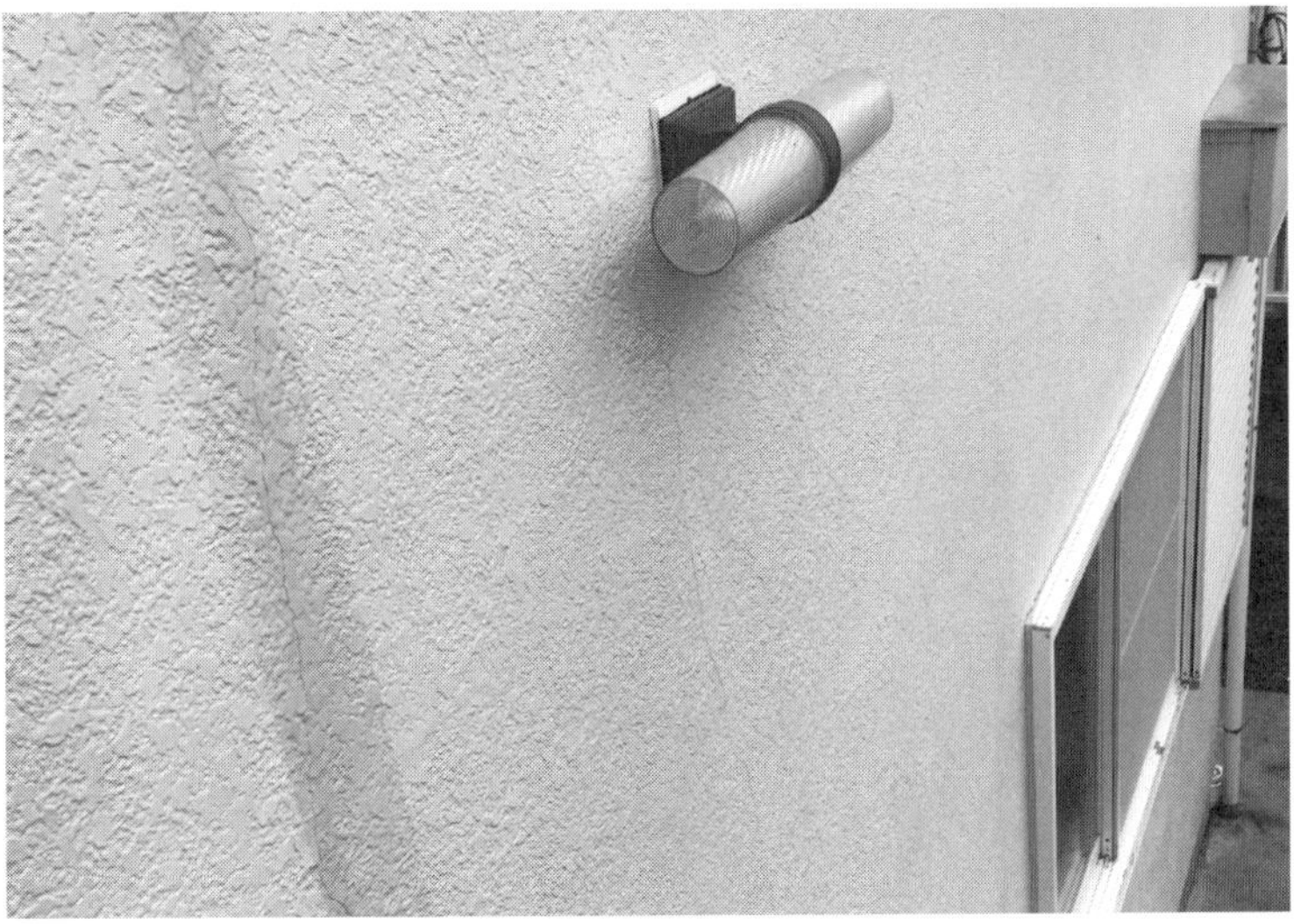

写真：ラスモルタル工法

恐れも考えられます。安定した資産運用のため、長期利用が可能な物件選びは非常に重要です。

シロアリ被害のある物件は絶対に避けるべき
ラスモルタル工法のクラックが多い物件は危険性が高い為、絶対に購入しない

■低層アパートで起きやすい「傾き」

住環境に対して人が抱く不満の種類は数多くありますが、その中でも傾きのある家は致命的です。「自分の家がもし傾いていたら……」と想像してみれば、自然と理解できると思います。賃貸住宅の場合、借主が責任を追及する対象となるのは貸主、すなわち収益物件の所有者となります。場合によっては健康被害で訴えられるリスクも否定できません。

「まさか自分の購入する物件が傾いていることはないだろう」と気に留めない方も多いことでしょう。実は収益物件の多くを占める低層アパートは、マンションと比べて建物が傾いている確率が高く、決して他人ごとではありません。

【低層アパートが傾きやすい理由】

・低層アパートの基礎は、マンションと比べて根入れ深さ（基礎部分が土へ埋め込まれてい

る深さ）が浅いこと

・建物規模によっては構造計算が義務付けられていないこと

これらの理由により低層アパートは、マンションと比べて建物が傾いている確率が高くなります。また、建物が傾くといってもその理由は様々です。そもそもなぜ建物が傾くのか、主な理由は以下の４つです。

・軟弱地盤

地盤そのものが弱く建物が不同沈下（不揃いに沈下を起こし、傾くこと）してしまうことがあります。こちらは特に建物自体に問題があったわけではありませんが、不同沈下を起こすと、本来まっすぐであるべき床や柱が傾いてしまうので、当然の結果として建物に大きなダメージが及んでしまいます。

地盤が弱いというのは特に人工的に盛り土をした土地、傾斜地、シルト（沈泥）や粘土分の多い、多量の水分を含んだ地盤などを指しています。これらの地盤は特に危ないものとしてチェックが必要です。

・地盤調査をしていない

こちらも地盤に関わる原因です。平成12年の建築基準法の改正により、建築物の基礎の構造は、国土交通大臣が定めた方法にしなければならないことになりました。（建築基準法施行令38条第3項）したがって国土交通省告示1347号により、地盤の長期許容応力度に応じて基礎の種類を選ぶことになります。長期許容応力度とは、建物それ自体の固定荷重や家具などの積載荷重に対して、構造体の各部材に生じる、抵抗力の限界のことを指します。

この長期許容応力度を算定するためには地盤調査を行う必要があり、実質的に地盤調査が義務付けられていますが、改正前、つまり平成12年より前に建てられた物件は、適切に地盤調査をしていない可能性が高いのです。結果として地盤の様子が把握できないため、必要な補強工事を実施していない建物が多くなります。要するに、平成12年よりも前の築年の物件は、地盤についてより入念なリサーチが必要ということです。

・施工精度が悪い

傾きに関する施工精度の不備は大きく分けて次の2つです。

「基礎業者の施工精度：基礎天端（建物の基礎の上面の部分）の精度不良による傾き」

「大工の施工精度：土台敷き、床組みの精度不良による傾き」

このように職人の施工精度（腕）に起因し、傾いた建物が建築されてしまうことがあります。

・自然災害

地震などの自然災害により傾斜が生じることもあります。

「傾いているお部屋を入居者に貸し出している」と一口にいっても、その程度は様々です。重要なのは「どの程度まで傾いていたらダメなのか？」ということです。どこまでの傾きが許容されるのか（セーフなのか）を判断する際は、住宅品質確保促進法第70条に基づく「住宅紛争処理の参考となるべき技術基準」（平成12年建設省告示第１６５３号）が１つの目安になります。

この基準は、同法による住宅紛争処理の参考となるべき技術基準として、不具合の発生と構造耐力上で主要な部分に瑕疵が存する可能性との相関関係について定めるものです。つまり、「どのくらい傾いていたら不良物件（アウト）といわれてしまうのか」について規定しています。相関関係は以下のとおりになっています。

・3／1000未満の勾配の傾斜
構造耐力上主要な部分に瑕疵が存する可能性が低い（セーフ）
・3／1000以上6／1000未満の勾配の傾斜
構造耐力上主要な部分に瑕疵が存する可能性が一定程度存する
・6／1000以上の勾配の傾斜
構造耐力上主要な部分に瑕疵が存する可能性が高い（アウト）

ここでいう3／1000というのは、1000㎜（1m）の距離にある、本来は水平であるべき2つの点が上下に3㎜ズレてしまうことを意味しています。同じように6／1000は、1000㎜に対して6㎜ズレてしまうことを意味しています。

健康被害などを訴えられて裁判になった際、右記のラインによって判断されることが通常です。よって6／1000以上の傾きがあるお部屋を貸していた場合は裁判で負ける可能性が高いということです。当社でもこの基準に従い、傾きの許容範囲は6／1000未満としています。

■建物の「傾き」のチェック方法

建物が傾いているかどうかは、不動産投資を安全に行うために必ずチェックしておかなければならないポイントです。購入を検討している物件の傾きに関する情報は、売主、もしくは仲介に入っている不動産業者に必ずヒアリングをした方がよいです。どうしても確認がとれない場合は、ご自身で計測できる方法をご紹介します。いずれも当社で使用している方法ですが、物件の状況によって使い分けています。

・レーザー墨出し器

レーザー墨出し器とは、機器本体からレーザー光を照射して、傾きを測定したいお部屋の天井や壁面に、水平や垂直のラインを表示する機械です。

傾きを測る方向は水平・垂直の2つがありますが、レーザー光の照射方向も水平・垂直の両方に対応したものの他、いずれか一方だけのタイプもあります。レーザーの色も、赤や緑などの種類があります。

・床の傾きチェックの仕方

2つの地点でレーザー墨出し器から水平線を出したときの、床から水平線までの高さの差

写真：レーザー墨出し器

が床の傾きになります。3m間隔の2地点で、高さ9㎜以上（3／1000以上）の差があれば傾きの可能性を疑ってください。

・壁の傾きチェックの仕方

基本的には床の時と考え方は同じです。2地点からレーザー墨出し器で垂直線を出し、壁から垂直線の距離の差が壁・柱の傾きになります。2m間隔で距離が6㎜以上（3／1000以上）の差があれば、傾きの可能性を疑ってください。

・デジタル水平器

こちらは簡単に測定が可能です。機器を床・壁にあてることで、画面にその地点の勾配が表示されます。注意点としては、施工不良による

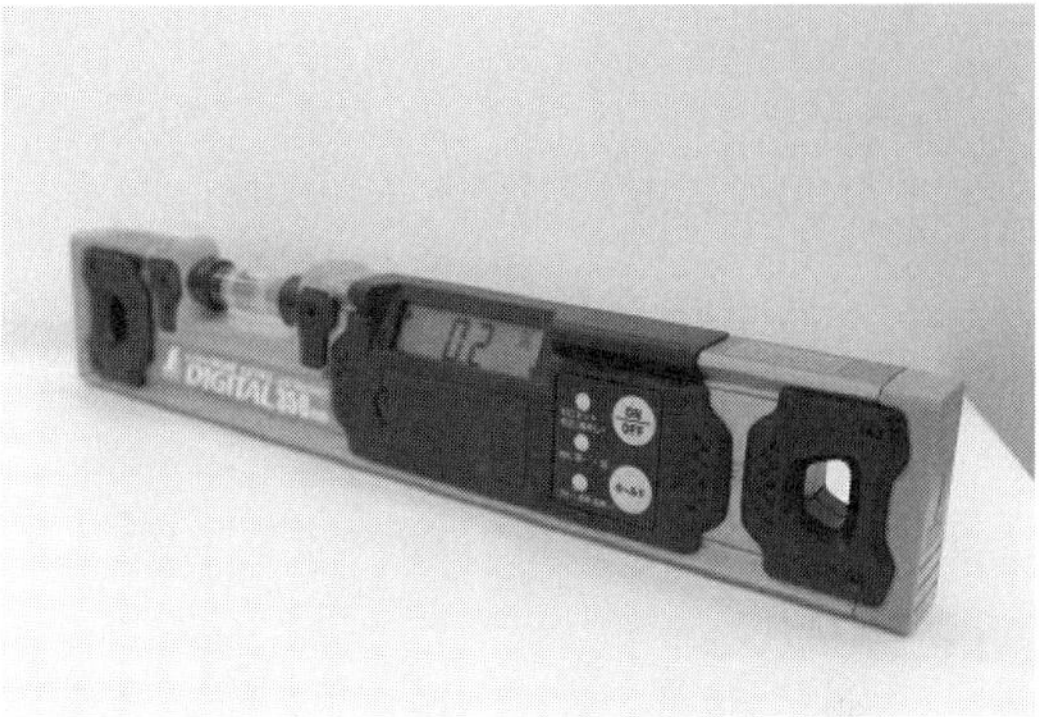

写真：デジタル水平器

部分的な不陸（平らでないこと）の影響を受けやすいので、計測ポイントを増やして総合的に判断することが必要です。

・下げ振り

下げ振りとは、糸を垂らして垂直の位置を出すための工具で、糸に重りがついています。

壁に下げ振りをあて、上下の糸離れ長さで傾きを測ることができます。

２ｍ間隔で高さが６㎜以上（３／１０００以上）の差があれば、傾きの可能性を疑ってください。

実測調査のみならず、地形や近隣の過去調査データなどを調べ、宅地化される前の利用形態（例えば水田か畑かなど）、盛り土の有無、盛り土されてからの経過年数、ロケーションなどにより総合的な判断を下すことが大切です。

写真：下げ振り

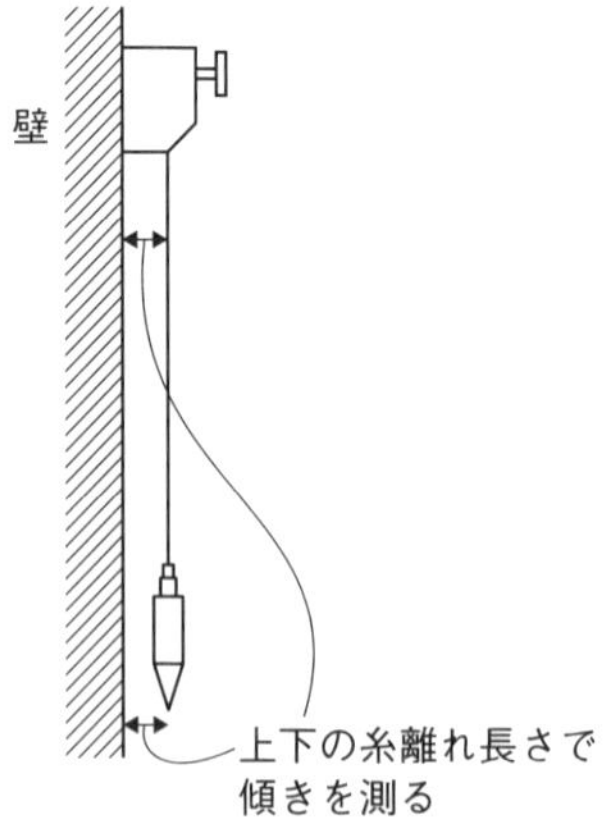

図：下げ振りの使用方法

■傾きの度合い・原因によっての購入判断

計測及び調査を行った結果、仕入れようとしていた収益アパート・マンションの傾きが、「許容範囲（6／1000）を超えている」というケースも出てきます。その場合は、傾いた要因によって是正するのか、購入を見送るのかを判断しています。

・地盤が原因で傾いている場合

こちらは基本的には棟全体が傾いている可能性が高いため、購入を見送っています。地盤が傾いている場合の兆候としては、土間の亀裂、基礎の亀裂、サッシの開閉不良などがあり、これらの情報をもとに総合的な判断をしています。

もちろん、地盤が原因で傾いている場合でも対処法がないわけではありません。確実に修復するのであれば、アンダーピニング工法や確実性では劣るものの、前者より安価な硬質ウレタン注入工法といった方法があります。しかし前者になると1000万〜2000万円、後者でも500万〜1000万円と費用が莫大にかかり、かつ建物にも負担がかかるため、当社ではこのような是正工事は実施せず、購入を見送ることにしています。

・施工精度が原因で傾いている場合

要因が施工精度であれば、該当箇所のみの改修で対応できる可能性があるため、再度検討します。床の傾きであれば根太（床板を支えるために床の下に渡す横木）の組み直しを行い、水平に作り直し、ドアのアンダーカットを確保します。壁であればサッシ、ドアの建付けを調整することにより、是正ができるかどうかを検討します。

物件の見極めにおいて、傾きの確認は最重要ポイントとなります。見極めを誤ってしまえば、せっかく資産形成のために行っている賃貸経営で、逆に大きな損害が発生することになってしまいます。**傾いた物件を購入してしまうことは、不動産投資が失敗になってしまうといっても過言ではないほど致命的な痛手**といえます。

なお前述の通り平成12年以前の物件は、地盤調査を実施していない可能性が高いためより注意が必要です。

●傾きの度合いによる購入判定

・3／1000未満の勾配の傾斜
　購入してもOK
・3／1000以上6／1000未満の勾配の傾斜
　詳細の調査が必要
・6／1000以上の勾配の傾斜
　基本的に購入してはいけない
・地盤が原因で6／1000以上傾いている場合
　絶対に購入してはいけない
・施工精度が原因で6／1000以上傾いている場合
　一部分であれば購入を検討する

写真：プロペラファン

■欠陥住宅を見逃さない……換気扇の接続状況

購入してはいけない危険な収益物件の1つとして、換気扇が正常に機能していない物件があげられます。共同住宅の住戸には、必ず換気扇が取り付けられています。キッチン・トイレ・浴室・洗面所などに設置されているはずです。

換気扇にはプロペラファンとシロッコファンの2つに大別されます。プロペラファンは、屋外と面している壁に取り付けられ、直接屋外に排気を行います。シロッコファンは、吸い上げた空気をダクトへ通して排気するため、自由な場所に設置することが可能であり、外壁に面していない場所でも設置することが可能です。シロッコファンの屋外の排気口にはベントキャップと呼ばれるカバーが取り付けられます。

写真：シロッコファン

これまで収益物件の売買・賃貸管理業を行っていく中で、このシロッコファンの換気扇の排気口であるベントキャップが設置されていないという、通常では考えられない物件をいくつか目にしてきました。言い換えると、屋外に排気がされていない欠陥住宅になります。

「浴室換気扇ダクト未接続」「キッチン換気扇ダクト未接続」という普通では考えられない建物も目の当たりにしてきました。浴室の換気扇が接続されていない物件は、天井裏に蒸気がこもり、カビの大量発生を引き起こしていました。キッチンの換気扇が接続されていない物件は、匂いが排出されないだけでなく、油が天井裏で固まって発火する可能性があり非常に危険です。

このような建物を購入してしまうと、是正工事に多くの費用がかかってしまいます。工事の手順は下記のようになります。

【換気扇の是正工事】

① ダクト経路の天井を解体する
② 換気扇から排気口までダクトを接続する
③ 天井の復旧
④ ベントキャップの取り付け、雨仕舞

この工事は、工期が3日程度かかるため、入居者との調整が必要になります。また、高層の建物であればベントキャップの取り付けの際に、足場工事も必要になります。足場工事を含まずに、1カ所の是正に30万円程度かかってしまいます。15戸の物件であれば450万円程度の工事費用となります。

このような物件を購入しないようにするには、どのような点に注意すれば良いのでしょうか。これから説明する2つの確認方法により、このリスクを排除することができます。

1つ目は、換気扇のフード・ベントキャップの数を確認することです。浴室・トイレの排気口は、まとめて1カ所になっているケースもあります。最低でも各室に2カ所は排気口があるはずです。これは屋外から確認できる簡単な確認方法です。

２つ目は、ユニットバスの天井点検口からの確認方法です。ユニットバスには天井扇が設置されていることが非常に多いため、接続ダクトの状況を天井点検口から目視で確認することができます。

換気扇の未接続物件という粗悪な共同住宅は実際に存在しています。また、このような物件は、その他にも手抜き工事がある可能性を疑ってしまいます。「全空」かつ「足場を架けての外部大規模改修工事を予定していた」という理由がない限り、購入を控えるべきです。

生活に支障をきたす設備不具合に対しての是正は、いくら高額であっても必ず実施しなければなりません。専有部設備の１つである換気扇の接続状況確認は、賃貸経営の思わぬ支出を避けるための大切なこととなります。

換気扇接続不良物件は絶対に購入を避ける

第3章

こんな物件は慎重に検討すべき

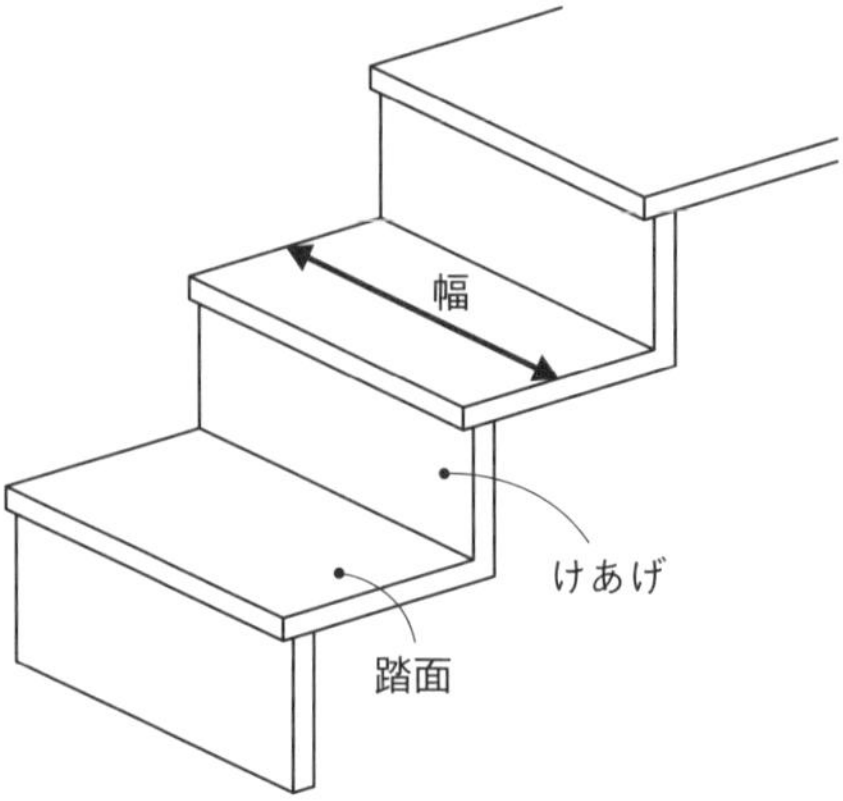

図：階段部位

■違法な共用階段

平屋の建物を除き、共同住宅には共用階段がほぼ設置されています。収益物件を見るうえで、この共用階段にも注意が必要です。なぜなら、階段にも建築基準法での遵守事項があるからです。階段の規定のポイントは次の3点になります。

【共用階段のポイント】
・幅
・けあげ
・踏面

「幅」とは文字通り階段の幅です。「けあげ」とは階段一段の高さになります。「踏面」は階段の足を乗せる部分の奥行きです。この3点が建物用途により各々定められています。

階段の種類		幅	けあげ	踏面
直上階の居室の床面積の合計が200m^2を超える地上階用のもの		1200mm以上	200mm以下	240mm以上
居室の床面積の合計が100m^2を超える地階、地下工作物内のもの		1200mm以上	200mm以下	240mm以上
上記以外の階段		750mm以上	220mm以下	210mm以上
屋外階段	直通階段	階段の幅のみ900mm以上	けあげ、踏面はそれぞれ上記の数値	
	その他の階段	階段の幅のみ600mm以上		

図：建築基準法による階段の必要寸法

買取調査時にこの基準を満たしていない違反建築物を目にすることは少なくありません。特に階段の幅が不足している建物が多いです。規定が守られていないことにより、火災などの緊急避難時に大きな支障をきたしてしまえば、所有者責任を問われてしまいます。

したがって**建築基準法の規定を満たしていない階段が設置された共同住宅は、買ってはいけない物件**となります。築年数の古い建物は、屋外階段の架け替えなどを実施し、建築当時と違った形で設置されているケースもあるため、特に注意が必要です。

前述したように、共同住宅の共用階段での違反に最も多いのは、屋外階段の幅になります。この屋外階段は、直通階段とその他の階段に大別されています。直通階段とは建物のある階から、その階段だけを通って、直接に地上に出られる出入口がある階に、容易に到達することができる階段のことです。

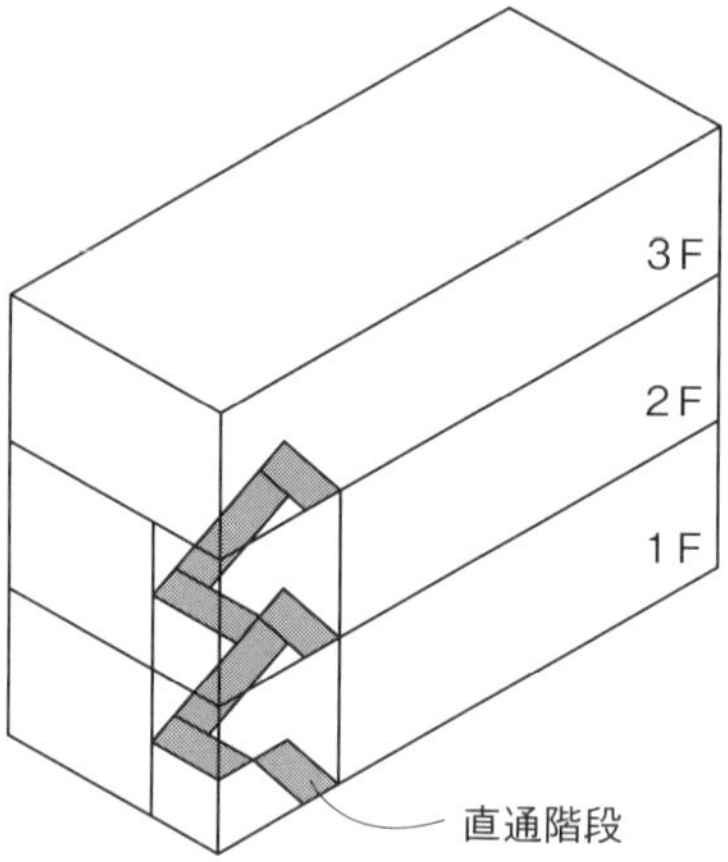

図：直通階段

途中の階で止まってしまっている階段から、再び違う階段を使って避難するような階段は、直通階段とみなされません。その階段だけで地上に到達できる階段に限られます。

通常、屋外に設置されている共同住宅の階段は、ほぼすべてが直通階段となります。そのため、階段の幅は90㎝以上必要になります。これが守られておらず幅が80㎝程度の階段が実は多く見受けられます。

物件の規模により、2つ以上の直通階段の設置が義務付けられている建物においては、2つの直通階段が、この規定を遵守しなければなりません。

屋外階段の幅員不足は、狭小地に建つ低層アパートにおいてよく見受けられます。この屋外階段の幅員不足は敷地状況により、階段の架け替えを実施することで是正できます。当社でも共用階段の架け替えを実施したケースがあります。

しかし、非常に手間のかかる工事になります。階段が1つしか設置されていない建物において、この工事を実施することは、上階の入居者との調整が大きなポイントです。階段の架け替え工事は次のような工程になります。

【階段の架け替え工事】

① 既存階段の撤去
② 鉄骨階段の設置
③ 階段の仕上げ工事（塗装・左官・シート貼りなど）

全工程を1日で実施することは難しく、工事に際してはホテルを手配して移動していただく等、入居者のご理解ご協力が必要不可欠です。鉄骨階段の架け替えに要する費用は1カ所最大で500万円程度となります。

階段の架け替えは非常に難易度が高い工事になりますが、安全な避難経路の確保のため、この違反を放置することもできません。規定を満たしていない階段は、不動産投資において大きなマイナスになります。このような物件を購入しないために、階段の寸法チェックは非常に重要です。

●**違反建築となってしまう階段**
屋外階段の幅員不足が最も多い。屋外階段の幅員は90㎝以上必要
違法な屋外階段の是正に要する費用→1カ所最大500万円。
是正できれば購入する

■但し書き道路への接道

建物は法律で認められた4m以上の道路に接していなければ建てることはできません。また、規模により道路に接する長さが決められています。この接する長さを「接道長さ」といいます。一般的な戸建住宅では2mの接道長さをとることが義務付けられています。共同住宅は特殊建築物に該当します。多数の人が利用することや、耐火要求が戸建住宅よりも高いなどの理由から、2mの接道長さをとる原則義務が、都道府県の条例でさらに厳しくなっています。

それでは、法律で認められた道路とはどのような道路を指すのでしょうか。建築基準法で

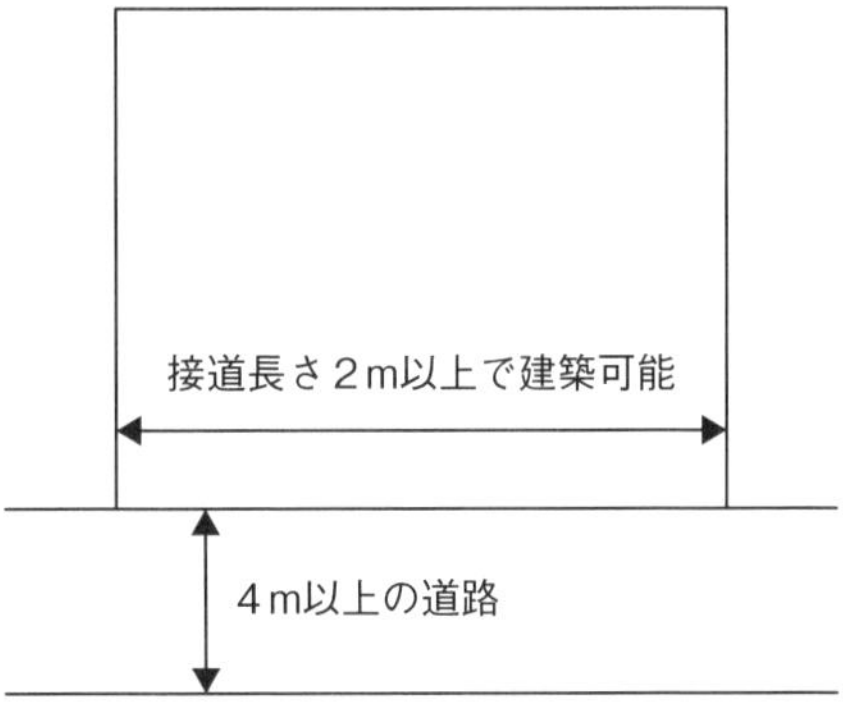

図：接道

定められている道路は次のとおりとなります。

【建築基準法で定められている道路】

・42条１項１号　４m以上の道路法による道路（国道、県道、市道）

・42条１項２号　都市計画でつくられた道路（開発道路）

・42条１項３号　行政が認定・管理していない４m以上の道路（既存道路）

・42条１項４号　２年以内に事業が予定されている道路

・42条１項５号　民間が申請を行い、行政から位置の指定を受けてつくられた道路（位置指定道路）

・42条２項　４m未満の道路であり、建築の際には、４m以上となるよう敷地後退する必要のある

道路

これらのいずれにも該当しない道路を、「但し書き道路」といいます。但し書き道路とは、接道要件を満たさない土地に対し、特例を設けたものになります。安全上・防火上・衛生上で支障がなく、建築審査会の同意を得て許可されれば、建築が可能となります。

但し書き道路の一番の懸念は、再建築が可能かどうかということです。一般的には、同用途・同規模であれば再建築できる可能性は高いのですが、必ずというわけではありません。将来、再建築できない可能性があるという非常に大きいリスクを抱えることになります。

このリスクを可能な限り軽減するために、特定行政庁に問合せを行いましょう。「同用途・同規模で再建築が可能である」と応えてもらえるケースもあります。また、特定行政庁で定めた「ただし書きに係る包括同意基準」を確認してみても良いと思います。

不動産投資の出口戦略において、再建築の可否は非常に大きなポイントとなります。但し書き道路に接道している物件において、再建築が可能かどうか根拠を残すことはとても重要です。

●但し書き道路へ接道している物件
特定行政庁に問合せ、同用途・同規模で再建築が可能であるか確認する
↓認められれば購入する

■用途変更の確認申請が必要な物件

用途変更とは、ある建物の新築時の用途を、別の用途に変えるための手続きです。例えば、もともと倉庫として使用していた建物を、新たに共同住宅として用いる場合は手続きが必要です。未申請のまま建物を新たな用途で使用すれば、建築基準法に違反した建物となります。

用途変更をしなければならない理由は、その建物の用途によって、それぞれ建物を安全に使うための基準が異なるからです。建物を倉庫として使用するときに必要な基準と、共同住宅として使用するときに必要な基準は異なります。したがって、建物の用途が変わった後も、建築基準法に則り安心して使うためには、用途変更の確認申請をする必要があります。

しかし現実は、用途変更が必要にも関わらず、未申請の建物が数多く存在しています。当社の買取実績の中でも、このような建物は至るところで散見されます。共同住宅という名目で申請されていたにも関わらず、実際は雀荘として使用されている。駐車場で申請されているのに倉庫として使用されているなど、数多くの未申請の建築物を目にしてきました。

店舗を開業した後で行政の立ち入り検査が入り、違反が見つかれば所有者の責任を問われる可能性もあります。用途変更の必要があるにも関わらず確認申請をしなかった場合には、建築基準法第99条により、1年以下の懲役、又は１００万円以下の罰金が科せられます。

用途変更は、すべての変更において必要になるわけではありません。用途変更が必要になるケースは、第6条第1項第1号の特殊建築物のいずれかとする場合、かつ、その用途の合計が100㎡を超える場合に限られます。

【第6条第1項第1号の特殊建築物】

劇場、映画館、演芸場、観覧場、公会堂、集会場、病院、診療所（患者の収容施設があるものに限る）、ホテル、旅館、下宿、共同住宅、寄宿舎、児童福祉施設等（令19条参照）、学校、体育館、博物館、美術館、図書館、ボーリング場、スキー場、スケート場、水泳場、スポーツ練習場、百貨店、マーケット、展示場、キャバレー、カフェー、ナイトクラブ、バー、ダンスホール、遊技場、公衆浴場、待合、料理店、飲食店、物品販売業を営む店舗（床面積が10㎡以内のものを除く。）、倉庫、自動車車庫、自動車修理工場、映画スタジオ、テレビスタジオ

共同住宅や店舗から、「事務所」へ用途変更をしているケースがよく見受けられます。事務所は特殊建築物に該当しませんから、100㎡を超えても用途変更の必要はありません。**基本的には、用途変更未申請の建物は購入を見送るべき**です。しかし、用途変更の申請が可能であれば、購入を検討してもよいと思います。用途変更が可能かどうかについては即判断

することが難しく、時間をかけて調べる必要があります。この場合、建築士を通じて確認検査機関に確認することが最も確実な方法です。

当社でも用途変更の実績があります。寄宿舎から共同住宅への用途変更です。寄宿舎と共同住宅では、求められている建物基準が異なります。この用途変更の確認申請の許可が下りるまで、約2カ月程度の期間を要しました。それだけ用途変更の難易度は高いものといえます。

用途変更の申請をするうえで大きなポイントは検査済証の有無です。検査済証が取得されていない建物での用途変更の申請は、さらに難易度が上がり、あまり現実的でないといえます。用途変更の未申請物件が多く散見される要因の1つに、検査済証の取得率の低さがあります。

用途変更の申請を必要とするにも関わらず、未申請のまま出店した場合は、建築基準法での罰則規定もありますが、火災や地震などによって人身事故が発生した場合は、業務上過失致死などの罪に問われてしまう可能性もあります。

もし購入を検討している物件が建築当初と違った形で使用されているようであれば、用途変更の手続きをする必要が出てくる可能性があります。用途変更が難しいようであれば、当初の申請通りの建物へ戻す必要があります。これにより退去が発生してしまい、場合によっては違約金がかかる可能性も考えられます。収支計画に大きな狂いを生じさせないためにも、不明点があれば建築士に調査を依頼することをお勧めします。

> **●用途変更とは、別の用途に変えるための手続き**
> ・用途変更が必要になるケースは、特殊建築物のいずれかとする場合、かつ、その用途の合計が100㎡を超える場合
> ・用途変更が必要な物件は、申請が可能かどうか詳細調査を建築士に依頼する

■消防法に違反した建物

建築基準法に基づく建築確認や検査の際に適合することが求められる各法令等の総称を建築基準関係規定といいます。都市計画法・消防法・駐車場法・水道法・下水道法・宅地造成等規制法などの法令がこれに該当します。

共同住宅において、建築基準関係規定で違反が最も多く見受けられるのは消防法です。消防法の第9条、第9条の2、第15条、第17条を遵守する必要があります。

消防法は、建築基準法とは異なり、既存不適格を容認していません。既存不適格とは、建築時には適法に建てられた建築物であって、その後、法令の改正や都市計画変更等によって現行法に対して不適格な部分が生じた建築物のことをいいます。そのまま使用していても違

法というわけではなく、増築や建替えなどを行う際に、法令に適合するよう是正すれば良いとされています。当初から法令に違反して建築された違法建築とは区別されています。

消防設備が不十分で既存不適格となっていた建物で火災が発生するケースが多発したため、昭和49年の消防法改正において、特定防火対象物については、現在の基準に適合するよう義務付ける遡及適用の規定が設けられています。

店舗付きの共同住宅は特定防火対象物に該当する可能性が高く、該当すれば即座に是正をする必要が出てしまいます。共同住宅において、消防法に違反している建物として次のような事例があります。

・自動火災報知設備未設置

共同住宅は延床面積500㎡以上で自動火災報知設備の設置が義務付けられています。500㎡以上の共同住宅に自動火災報知設備が設置されていなければ消防法に違反した違反建築となっている可能性が高いです。

・自動火災報知設備が機能していない

当社の管理している物件で、自動火災報知設備の受信機に電源が供給されていないという物件がありました。これは未設置も同然です。

この物件の1階には、もともと管理人室がありました。この管理人室を賃貸住戸にいい加減にコンバージョンをしたことが、このような危険な状況を生み出しました。管理人室にあった自動火災報知設備の受信機の移設工事を実施しないという、通常では考えられないことが行われていました。

受信機は通常、建物1棟に対し1カ所の設置となります。受信機は自動火災報知設備の親機のような役目をします。その部屋に設置されたままの受信機を、そのまま機能させることは非常に難しくなります。

半年に1回の消防点検の際に、「入室の許可をとらなければならない」「自動火災報知設備の誤発報時の処理」など、数多くの出入りが必要となり、機能させることが難しいことがおわかりいただけると思います。このような理由から、受信機の電源を落とし、この重要な設備を殺してしまったという経緯があったようです。

・消火器の未設置

延床面積150㎡以上の共同住宅には消火器の設置が義務付けられています。消火器の設置ができていない物件が、実は多く見受けられます。また、設置されていても消火器の使用

写真：自動火災報知設備（受信機）

写真：自動火災報知設備（感知器）

期限が切れている場合も多々あります。この最低限のことができていないようであれば、建物管理が全くいきわたっていない低管理の物件と判断することができます。

・住宅用火災警報器の未設置

平成18年6月1日に改正消防法が施行され、住宅用火災警報器の設置が義務付けられました。自動火災報知設備がついていない共同住宅は、最短で平成20年5月中まで、遅くとも平成23年5月中までに設置することが義務となっています。既存住宅の設置期限は市町村条例で制定され、地域により異なるため、各地の自治体や消防署で確認が必要になります。

住宅用火災警報器は自動火災報知設備の簡易タイプのようなものです。自動火災報知設備との違

写真：消火器

いは各住戸で発報するだけで、外部とは連動していません。熱または煙を感知し、その場で発報し火災を知らせる設備になります。電源はリチウム電池が使用されていることが多く、電池の寿命は約10年です。

５００㎡未満の共同住宅は住宅用火災警報器の設置が必ず必要です。平成18年以前の建物にはこれが設置されていないものが多く見受けられます。

・連結送水管の改修工事

連結送水管とは、消火が困難な場所で火災が起きた場合に、消防車両の送水を連結送水管の送水口に接続し、高層の放水口から消火活動を行います。その中間での送水役割を果たす配管が連結送水管設備です。

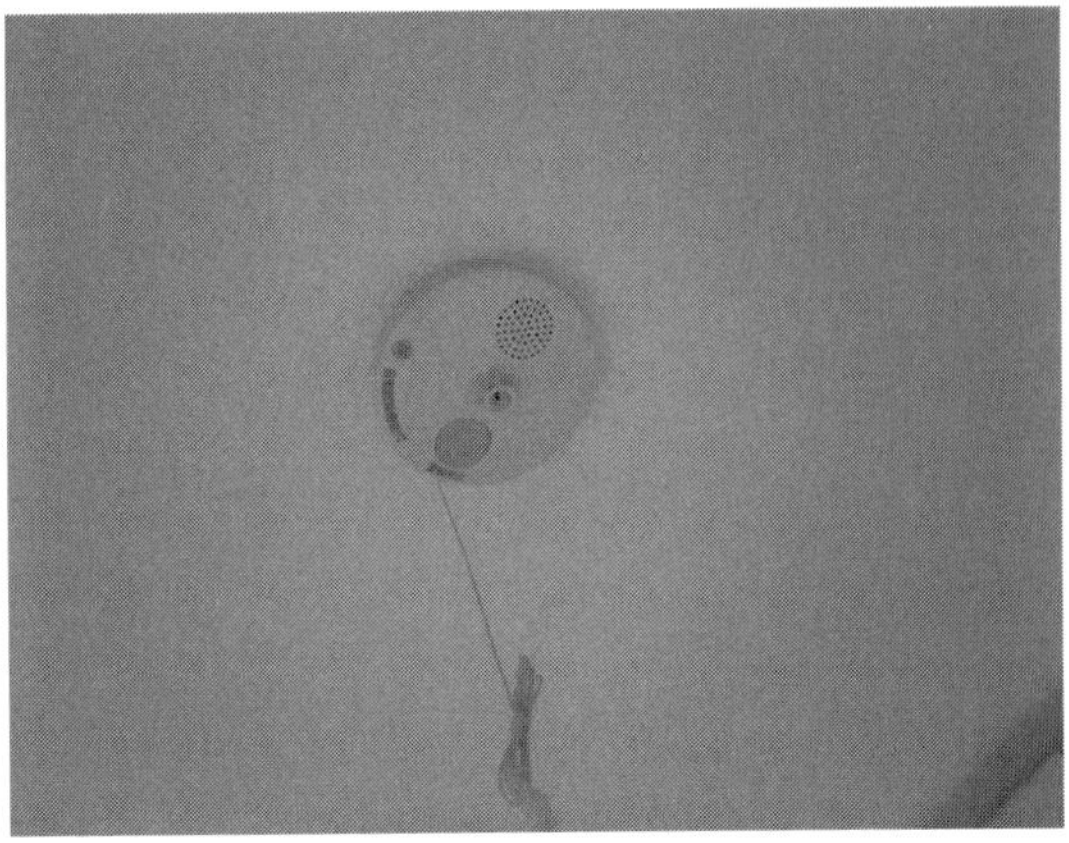

写真：住宅用火災警報器

【消防法令上の連結送水管設置対象となる条件】
・地階を除く階数が7以上の建築物
・地階を除く階数が5以上で、延床面積が6000㎡以上の建築物
・延床面積が1000㎡以上の地下街

消防車両から高圧で送水されたものに対し、圧力に耐えられない連結送水管であれば、管が破損して漏水してしまうため高層での消火活動は不可能となります。そのため、耐圧性能試験の義務があります。

連結送水管の耐圧性能試験での点検基準は、連結送水管検査測定車より設計送水圧間での加圧に対し、変形・損傷又は著しい漏水などがないことを確認します。この検査で破損等が確認され、新しく送水管を引き直す改修工事を実施した事例もあります。

では、消防法に違反しているかどうかを、購入前に見極めるにはどのようにしたらよいでしょうか。

消防用設備などを設置した建物には、年2回の設備の点検と所轄の消防署へ1年に1回（特定防火対象物）、または3年に1回（非特定防火対象物）の点検結果の報告が義務付けられています。

まずは点検が半年に1回実施されているかを確認することです。もし、点検記録がないようであれば、高額な是正工事費用が発生する可能性があります。点検記録があれば、是正指摘があがっているかを確認します。見極めのポイントは3点です。

【消防点検記録の見極めポイント】

・消防点検を確実に行っているか
・是正指摘があげられている場合、是正工事が可能かどうか
・是正指摘があげられている場合、是正費用にどの程度の金額がかかるか

消防点検が適切に実施されていないようであれば物件の管理レベルが著しく低く、高額な

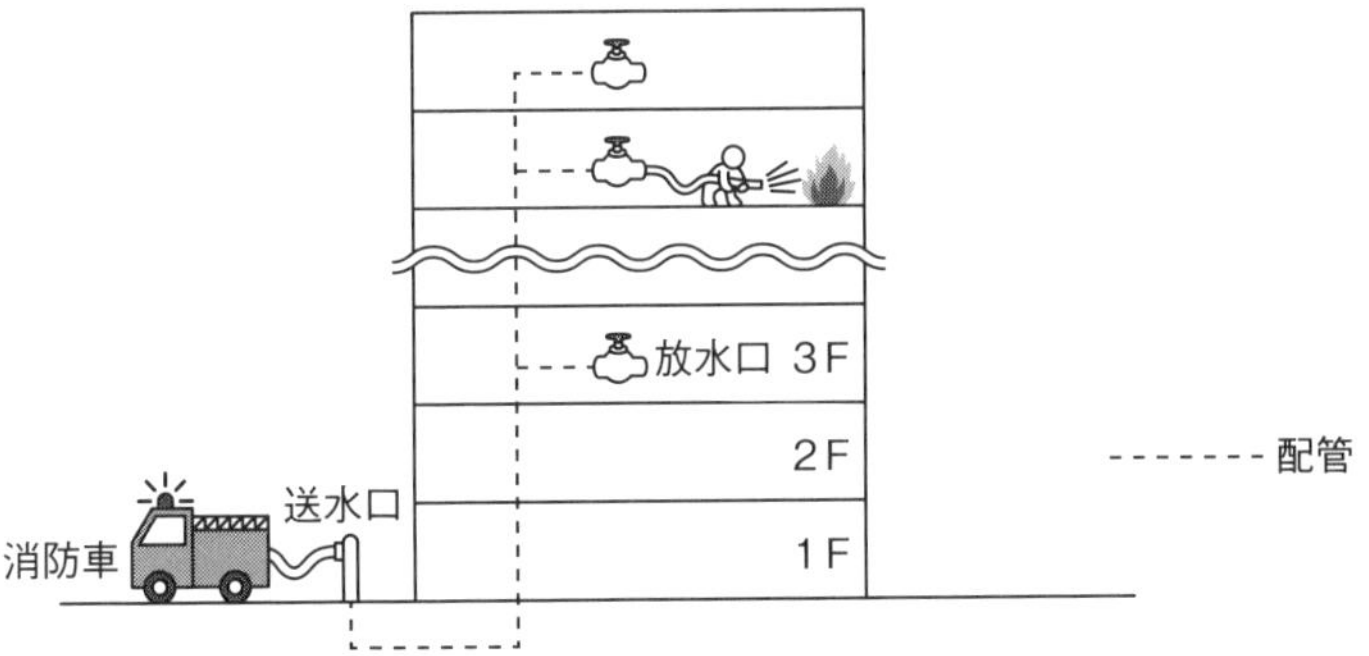

図：連結送水管

是正工事が数多く発生する可能性があります。

また、是正指摘の内容によっては、数百万円の工事が必要となる可能性もあります。

これらを鑑み、購入するかどうか判断することが大切です。

【防災設備是正工事費用の目安】

・消火器

本体交換工事　８０００円／本程度

別途消火器ＢＯＸ・ブラケット・スタンドが必要になるケースもあり

・自動火災報知設備

受信機・発信機・感知器の一式交換　２００万円程度

感知器単体の交換費用　４万円程度／カ所

写真：誘導灯

写真：非常警報設備

・**非常警報設備**
本体交換工事　７万円程度／カ所
バッテリー交換　２万円程度／カ所

・**避難ハッチ**
本体交換工事　16万円程度

・**誘導灯**
本体交換工事　７万円程度／カ所
バッテリー交換　２万円程度／カ所

・**連結送水管**
耐圧性能点検費用　７万円程度／回
※設置をした日から10年を経過した日以降または前回の耐圧性能点検を実施した日から３年を経過した日以降。

写真：避難ハッチ

連結送水管一式交換工事　２００万円程度

費用を鑑み、消防点検の是正工事が実施可能であれば購入する

■軒の出の小さい建物はデザイン性には優れているが……

軒の出の小さいモダンな建物を、よく目にすることがあると思います。軒とは屋根のふきおろした先端の部分を指します。このような建物は、シンプルでおしゃれなイメージがありますが、実は大きなリスクがあるのです。

軒の役割の１つとして、外壁にあたる雨の軽減があります。雨があたりにくくなることで、外壁が汚れにくく、長く美観が保てます。

また、雨漏りのリスクも軽減できます。外壁材にはある程度の防水性が担保されていますが、シーリングの劣化・外壁材自体のひび割れなどにより、雨水が浸入してしまう可能性があります。軒の出が小さいことで、雨があたりやすくなり、雨漏りを引き起こしやすくなるのです。

軒が重要な役割を果たしている一方、軒の出を小さくして建ててしまう理由として次のことが考えられます。

【軒の出を小さくする理由】

・軒の出を小さくすることで、屋根の面積が減り、工事費用を抑えることができる
・スッキリとした印象となり、デザイン性の向上につながる

軒の出の小さい物件は、前述した雨漏りリスクを回避するため、外壁のメンテナンスの周期が短くなります。シーリングの打ち直しや塗装などこまめなメンテナンスが必要です。

軒の出の小さい物件は、見栄えが良いと感じるかもしれません。しかし、投資物件として適した物件とはいえません。**投資物件はかっこよさではなく、機能・収益性を重視すべき**です。

写真：軒の出の小さい建物

●軒の出の小さい物件のリスク
・外壁が汚れやすい
・雨があたりやすく、雨漏りしやすい
↓メンテナンス頻度が高まる

■気を付けるべき構造チェックのポイント

中古収益物件の見極めについて、特に気を付けるポイントとして構造チェックがあげられます。構造状況を把握するということは非常に大切です。以下に建物の構造についてのチェックポイントについて記します。

【建物の構造】
・木造
　在来軸組み工法
　2×4工法

・鉄骨造
軽量鉄骨造（鉄骨の厚み６㎜未満）
重量鉄骨造（鉄骨の厚み６㎜以上）
・鉄筋コンクリート造
ラーメン構造
壁式構造

・「新耐震基準」で建てられているか

中古物件の耐震性をチェックするうえでひとつの目安となるのが「新耐震基準」です。**新耐震基準とは、昭和53年の宮城県沖地震を教訓にした建築基準法の改正で、昭和56年6月1日以降に建築確認を受けた建物に対して適用された基準のこと**です。この日以降に設計図を審査した物件は、大地震発生時に大きく壊れたとしても、〝人命を損なわない〟程度の破損に留まる強さをも持っています。

昭和56年5月31日まで使われていた「旧耐震基準」は、大地震発生後に人命を守れるかどうかの確証がありません。適用以前と以降では、建物の構造面は大きく変わってきます。

・壁式構造の優位性

旧耐震の古い物件であっても、そのすべての建物が危ないかというと、そういうわけでもありません。平成7年の阪神淡路大震災では、旧耐震基準マンションの多くが倒壊などの被害を受けましたが、「壁式構造」と呼ばれる建物の被害は少なかったという前例があります。

壁式構造は壁で建物を支える構造で、外壁の住戸間の構造壁も厚くなっています。柱と梁で支えるラーメン構造と比べると、旧耐震基準の中でも耐震性は高いことが証明されています。

一方で、壁式構造のデメリットは間取り変更が難しいことです。壁式構造の場合、室内と室内の間の壁自体が建物を支えているため、基本的に壁の取り外しができません。大空間を設けにくいなどの制限が出てきます。

・バランスの悪い建物

構造状況を把握するよい目安となるのが建物形状です。建物の形は凹凸のある複雑な形よりシンプルな四角形が好まれます。平面的にバランスのよい建物は、「重心」と「剛心」のズレが小さいため、ねじれに強い建物ということができます。

また、立体的なバランスも重要になります。1階が駐車場となっているピロティ構造は共

木造	在来軸組み工法	
	2×4工法	
鉄骨造	軽量鉄骨造	鉄骨の厚み6mm未満
	重量鉄骨造	鉄骨の厚み6mm以上
鉄筋コンクリート造	ラーメン構造	
	壁式構造	

図：各種構造

同住宅にも多く見受けられると思います。この1階部分は他の階と比較し、壁の量が極端に少ないため、その階に地震の力が集中しやすいというデメリットがあります。柱だけで支えているため、地震時には非常に脆弱となります。

平成7年の阪神淡路大震災・平成28年の熊本地震では、ピロティ構造の建物・壁の配置が偏っている建物・L字型等の不整形な建物が多く倒壊しています。

・屋根材の仕上げ

屋根の重さによって必要となる強度が大きく変わります。屋根材が軽いほど必要壁量が少なく、耐震性に優れています。また、重心の低い建物の方が安定することから、屋根材が軽いことは構造上のメリットといえます。

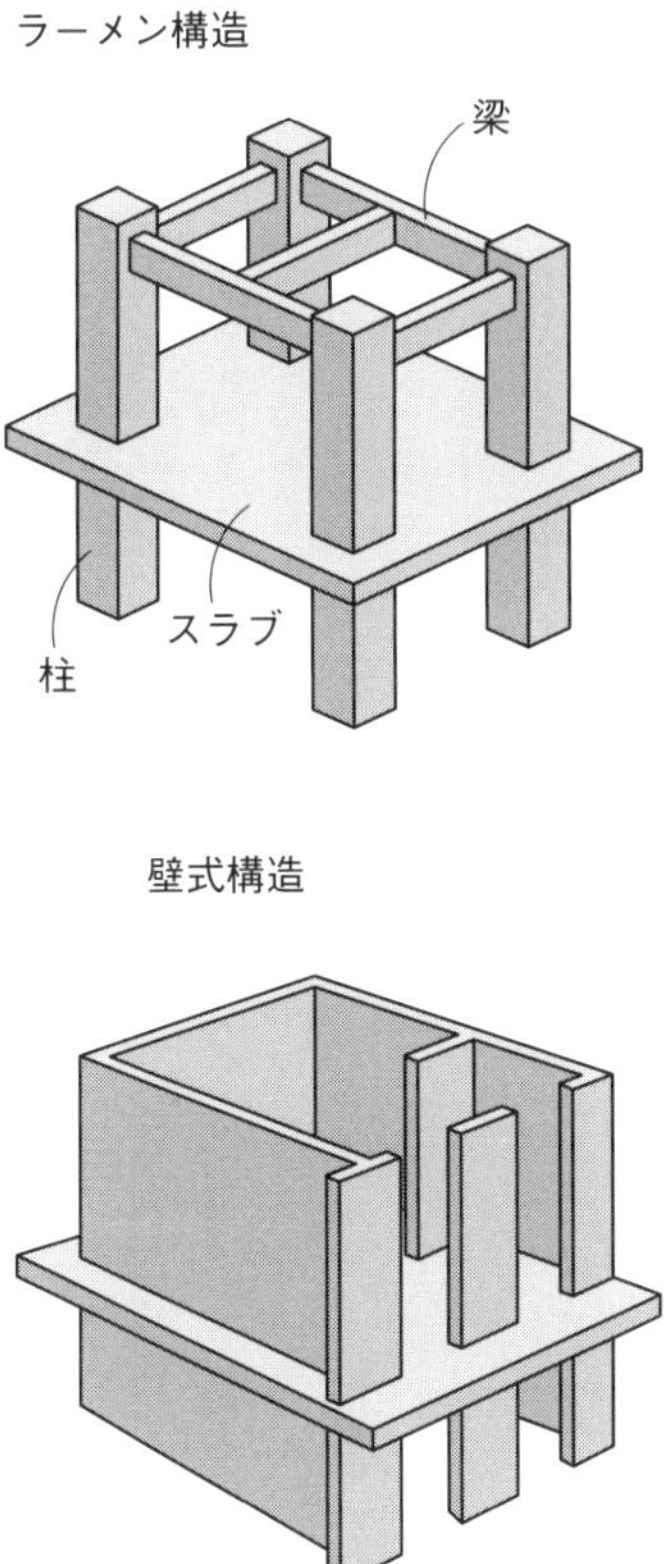

図：ラーメン構造と壁式構造

写真：コーナー出窓

一般的に使用される屋根材は瓦、スレート、ガルバリウム鋼板があります。瓦、スレート、ガルバリウム鋼板の順に軽くなります。東日本大震災で倒壊した建物の多くは瓦葺きの屋根であったという結果が出ています。軽い屋根材は耐震性の観点から優れた屋根材といえます。

・窓の位置

窓の数・大きさ・位置に建物の強度は大きく影響されます。壁量が少ない・角に壁がないことは耐震性の観点からマイナスとなります。

角が出窓になっているコーナー出窓は、見栄えが良い反面、構造上大きなデメリットとなります。

中古収益物件では、設計図書がないということが多々あります。設計図書がなければ建物の構造を正確に把握できません。だからといって、いち

写真：ピロティ

かばちかで物件を購入するわけにもいきません。

その場合、次のポイントを参考に構造チェックすれば、大きな構造トラブルを回避できます。構造状況の良い物件の購入は建物の長期使用が可能となり、収益性を高めることにつながります。

●構造チェックポイント
・新耐震基準かどうか
↓昭和56年6月1日以降に建築確認を受けた建物：新耐震基準
・壁式構造の優位性
↓壁式構造はラーメン構造よりも耐震性が高い
・バランスの悪い建物
↓ピロティ構造の建物・L字型等の不整形な建物は耐震性が低い
・屋根材の仕上げ
↓軽い屋根材は耐震性が高い（瓦∨スレート∨ガルバリウム鋼板）
・窓の位置
↓窓が多すぎる・コーナー出窓は耐震上マイナスとなる

■デメリットの多い不整形な建物

不整形な建物とは凹になっている角が4カ所以上ある建物をいいます。このような不整形な建物を建てる理由は、不整形な敷地形状に合わせて建築することで、敷地を最大限有効利用しているためです。

共同住宅においても、このような不整形な建物は多く存在します。三角形の土地に建てられた凸凹の多い建物やL型の建物がその代表例になります。不整形な建物には次のようなデメリットがあります。

【不整形な建物のデメリット】

・耐震性が低い
・雨漏りのリスクが高い
・大規模改修工事時の施工費が割高となる

1つ目のデメリットは、耐震性の低さです。耐震性を考慮すると、建物はできるだけシンプルな形であることが理想です。不整形な建物は建物プランに凸凹が多くなり、地震時の水平方向の力により、ねじれなどを生じさせるリスクが高まり、耐震性の低い建物となります。中古収益物件は、構造計算書のない物件がほとんどです。構造面の詳細の確認ができないことが多いため、なおさら建物形状は極力シンプルなものが好ましいといえます。

2つ目のデメリットは、雨漏り発生リスクが高いことです。雨漏りをしやすい場所の1つとして、建物の入隅部があります。入隅部はほとんどといっていい程、シーリングで処理さ

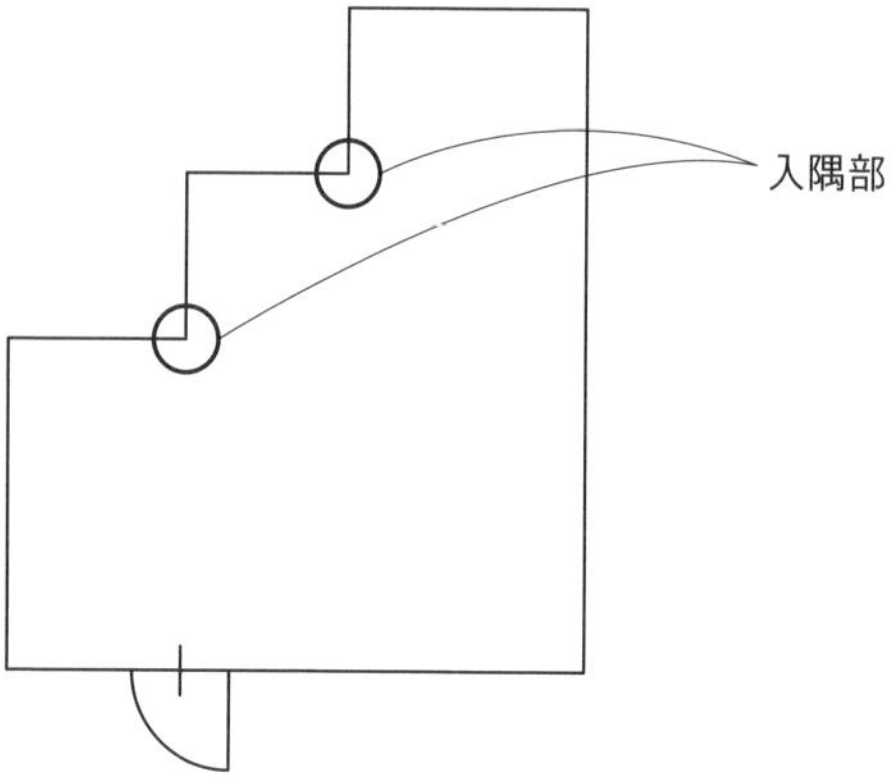

図：入隅部《いりすみ》とは

れています。

シーリングは経年劣化により硬化したり、ひび割れたりといったことが発生します。そこに隙間が生まれ、雨水が入り込み、雨漏りを引き起こします。また、入隅部の雨樋には集水器と呼ばれる桝がついています。この集水器には、屋根の雨水が集まります。

入隅部は雨漏りのしやすい部分であることに加え、雨が多く集まります。そのため、被害も大きくなりやすいというリスクがあります。

３つ目のデメリットは、大規模改修工事時の施工費が割高となることです。施工費が割高となる理由は、施工数量が大きくなるためです。これは、足場・外壁などの施工数量に顕著にあらわれてきます。

床面積が同じ１００㎡でも、正方形の１００㎡

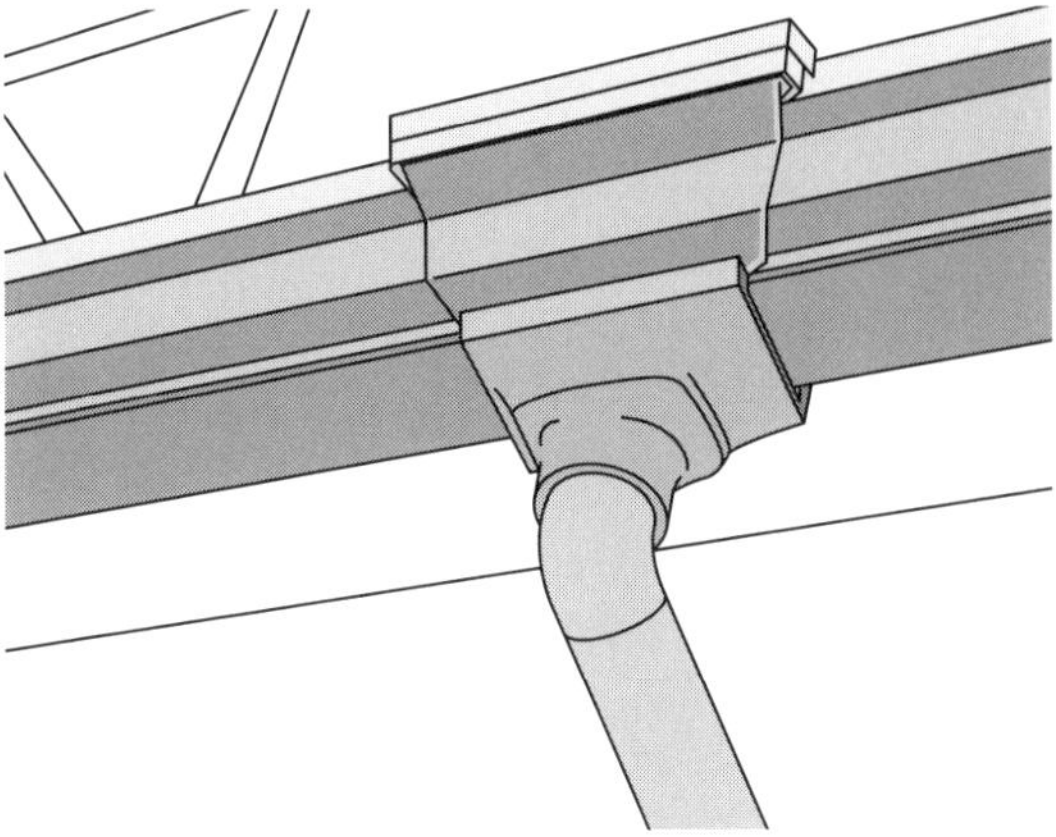

図：集水器

と細長い長方形の１００㎡を比較すると、どちらの４辺の長さが長くなるかはおわかりだと思います。また、床面積が同じ１００㎡でも、長方形の１００㎡とL型の建物の１００㎡を比較すれば、辺の長さの合計は当然L型の建物の方が長くなります。辺の長さが長くなれば、それに付随して施工面積も大きくなり、費用が高くなります。整形な建物と不整形な建物の外壁塗装に関わる費用を比較すると、場合によっては不整形な建物の方が、延床面積あたりの㎡単価が１・５倍程度となるケースもあります。

不整形な敷地に建つ、不整形な建物は安価で購入することができる反面、前述のようなデメリットがあります。もし、大規模な雨漏りからシロアリ被害にまで及んでいれば、改修費用に莫大な費用が発生してしまいます。

不整形な建物の収益物件の購入を検討しているようであれば、大規模改修工事費用が割高になることを受け入れることが必要です。また、構造上大きな問題となるようなクラック・雨漏りの跡などがないかチェックを入念に行いましょう。

●不整形な建物のデメリット

・耐震性が低い
・雨漏りのリスクが高い
・大規模改修工事時の施工費が割高となる

■地下室のある建物は基準が守られているかを確認

地下室のある収益物件にはどのようなメリット・デメリットがあるのでしょうか。地下室のメリットは、ある一定の基準を満たせば、容積率に算入しなくても良いとされているところです。容積率の制限が厳しいエリアにおいて、少しでも広く建築したいのであれば、居室に適合する設備を整えた地下室を設けるのも1つの方法として検討できます。

【地下室の基準】
・地階の床から地盤までの高さが、その階の天井の高さの１／３以上
・天井が地盤から１ｍ以下
・住宅の用途に供するもので、同建築物の床面積合計の１／３以下

他にも、地下室には遮音性が高いというメリットもあります。

対して、地下室のデメリットは湿気がこもりやすいという点です。土に埋まった状態で温度が一定の地下室は、特に夏場に結露しやすくなります。夏の湿った空気が入り込むと、外気温よりも低い地下室では水蒸気が飽和してしまい、結露し、カビが発生しやすくなります。そのため、地下室には換気や除湿設備が必要不可欠となります。

また、豪雨による浸水のリスクも考えられます。地下室は地盤面より低いため、ゲリラ豪雨などにより浸水してしまう可能性が高くなります。地下室付きの物件において、このようなリスクを回避するには、どのような点に注意して物件を選んだら良いでしょうか。

重要なのは、湿度調節と日当たりの確保ができている物件を選ぶことです。地下室を居室として使用する場合、快適な住環境を提供するためには、湿度調整や日当たりの確保は欠かせません。常にカビが発生しているような環境であれば、健康にも大きな被害を与えてしまいます。

そのために必要になるのが、ドライエリアと呼ばれるものです。ドライエリアとは、地下室と地面の間に設ける空堀りのことを指します。適切にドライエリアを設け、換気のできる窓を設置すれば、湿気を逃がすとともに太陽光を取り入れられ、暗い・ジメジメしているというイメージを払拭できます。これにより湿気がこもりやすいという最大のデメリットを解決できます。

また、ドライエリア設置時における指導指針が「建設省住指発第408号平成元年10月27日」で示されています。ドライエリアは奥行きが1m以上、かつ、ドライエリアの底面から地盤面までの高さの4／10以上でなければ、採光・換気上有効となりません。このように、ただ単にドライエリアを設けるだけでは、意味がありません。きちんと遵法性を満たしたドライエリアであるかどうかの確認が重要になります。

次に注意する点として、浸水に対してリスクが小さい物件を選ぶことです。建物形状において、ドライエリアの手すり壁の高さが、ある程度確保されているかが大切です。地盤面から手すり壁が立ち上がっていることで、浸水防止につながるからです。

また、ハザードマップの確認を行いましょう。ハザードマップとは自然災害による被害を推測して、災害による被害範囲を記したものです。その土地にどのような災害がおき、どの程度の被害が出てしまうのかを知ることができます。

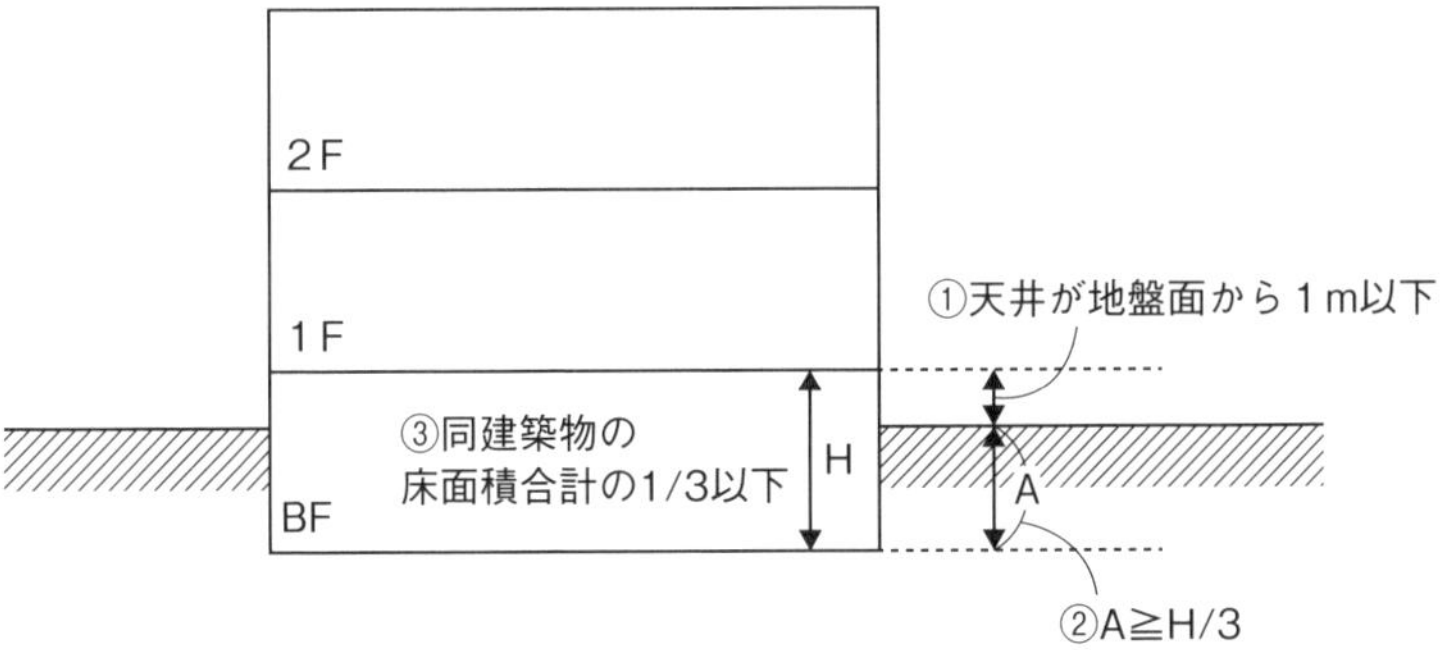

図：容積率に算入しなくても良い地下室

これらの点に留意すれば、２つ目のデメリットである浸水に対してのリスクを抑えられます。地下室のある共同住宅はそれほど多くはありません。しかし、**地下室付きの建物は非常に難易度の高い物件といえます。**

当社で管理している物件の中にも、地下室付きの物件がありますが。入居者からは湿気・カビについてご指摘をいただくことが多く、管理が難しいことは確かです。このようなご指摘に対して、換気扇の設置であったり、吸湿性の高い内装材を貼ったりなどの対策を講じています。

地下室付きの共同住宅の購入を検討しているようであれば、前述の「湿気対策」・「浸水対策」の２点に対して、どの程度リスクヘッジできているか確認しましょう。

地下室は、容積率の制限が緩和されることもあり、収益性の高い物件であるといえます。しかし、地下室の適切な対応がとられていなければ、莫大な修繕費用が発生してしまい、逆に収益性を落としてしまう可能性もあり

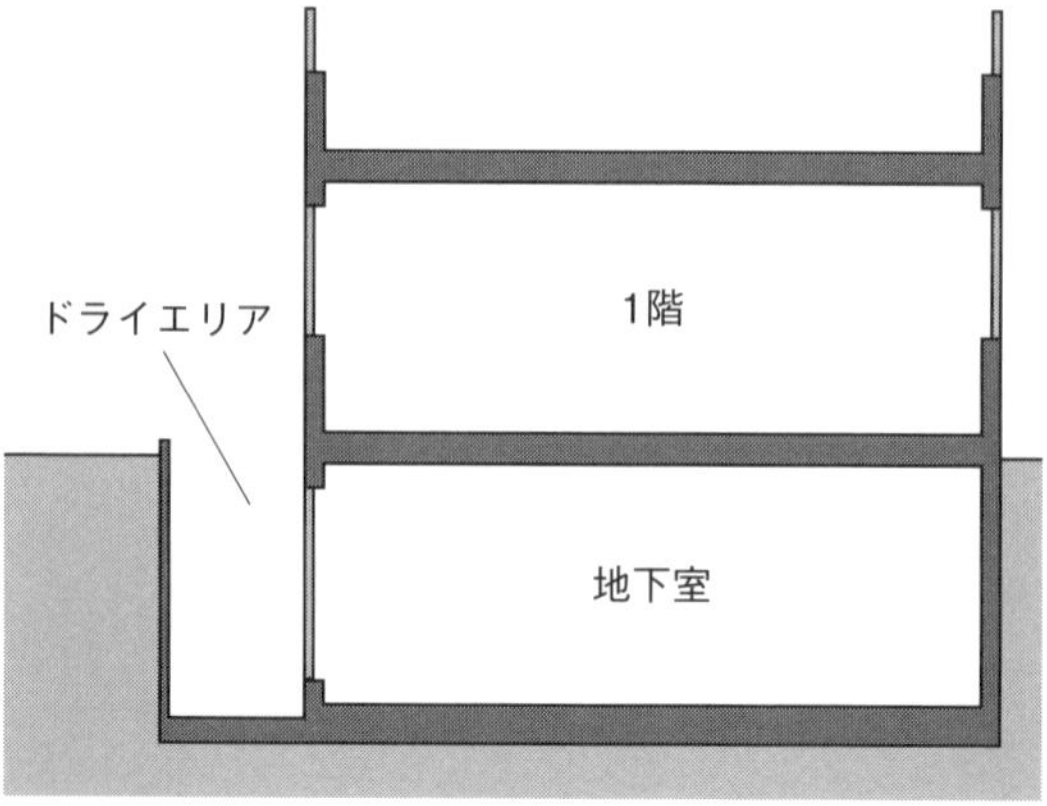

図：ドライエリア

ます。このような収益性の高い物件を安心して資産運用するために、特に慎重に調査すべきです。

●地下室付き物件のメリット
・ある一定の基準を満たせば、容積率に算入しなくてもよい
↓収益性が高い物件が多い

●地下室付き物件のデメリット
・湿気対策が必要
・浸水対策が必要

●**地下室付き物件の見極めのポイント**

適切なドライエリアが設置されていない
ハザードマップで過去災害（浸水）履歴がある

↓

購入を見送るべき

第4章

こんな物件は修繕コストを考慮して購入する

■メンテナンスが重要な貯水槽・給水ポンプ

貯水槽や給水ポンプが設置された収益物件は、修繕コストを考慮しなければなりません。共同住宅の給水方式には大きく分けて、貯水槽を設ける「貯水槽方式」と貯水槽を設けない「水道直結方式」に大別されます。貯水槽とは、水を貯める設備のことをいいます。貯水槽にも種類があり受水槽、高置水槽に大別されます。わかりやすく説明すると受水槽は地上置き、高置水槽は屋上置きとなります。

「貯水槽方式」とは、貯水槽に貯めた水を各戸に給水する方式です。「貯水槽方式」はさらに「高架水槽給水方式」と「加圧給水方式」に分類できます。「高架水槽給水方式」とは、受水槽に貯めた水を揚水ポンプで屋上に設置した高置水槽へ揚水し、重力により各戸に給水する方式です。一方、「加圧給水方式」とは、貯水槽に貯めた水を加圧ポンプで直接各戸へ供給する方式です。

「水道直結方式」とは、貯水槽を設けず、水道本管から各戸に直接給水する方式で、これはさらに「増圧直結方式」と「直圧直結方式」に分類できます。「増圧直結方式」とは、水道本管からの水を増圧ポンプの圧力で各戸に直接給水する方式です。これは比較的新しい方式で、現在の主流となっています。一方、「直圧直結方式」とは、水道本管の水圧で直圧給水する方式で、これは上限階数制限等あり、水圧が低い場合、認められません。

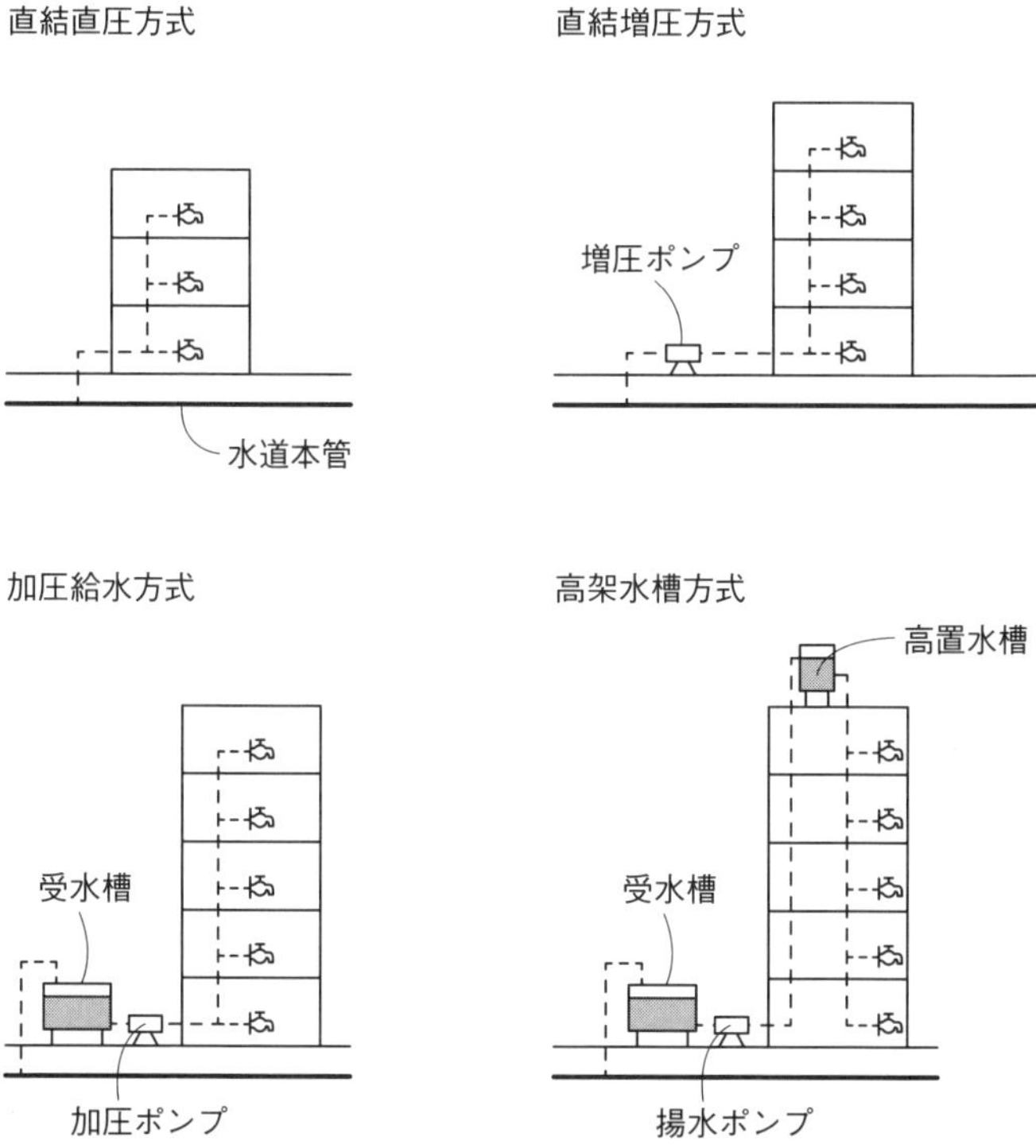
直結直圧方式
水道本管
直結増圧方式
増圧ポンプ
加圧給水方式
受水槽
加圧ポンプ
高架水槽方式
高置水槽
受水槽
揚水ポンプ

図：各給水方式

規模の大きい共同住宅には貯水槽が設置されているケースが多いです。この貯水槽には、年に1回の法定検査と清掃が必要です。この検査に合格した水槽には検査済証のシールが貼られていることもあります。もし、購入を検討している物件に貯水槽があり、直近の検査済証のシールが貼られていれば安心と言えます。

貯水槽の点検清掃を適切に行っていなければ、加圧ポンプや揚水ポンプの点検も実施していない可能性があり、ポンプ機能にも不安が残ります。給水ポンプの交換時期はおおよそ10年〜15年といわれています。交換費用は最大300万円程度かかります。

給水ポンプは、定期的に検査を行い、部品交換をしていれば、ポンプ本体に大きな負荷がかからないため、長く使用することができます。そのため、貯水槽の点検時に給水ポンプも同時点検し、こまめにメンテナンスをしていくことをお勧めします。

また、特殊な給水ポンプを使用している場合は交換までに数日間かかることもあります。数日間の断水は大きな問題です。入居者の生活が成り立たず、ホテルを用意するなど仮住まい先を提供しなければならなくなります。このようなことから、海外製の特殊な給水ポンプを使用していないかなどもチェックしてみることも大切です。

中でも高架水槽給水方式はメンテナンス費用が最もかかり、リスクが大きいといえます。高架水槽給水方式は貯水槽が少なくとも2台設置してあります。受水槽、高置水槽の2つの

写真：高置水槽の架台

水槽です。貯水槽が2台あるため、貯水槽の点検清掃費が倍かかってしまいます。

また、高置水槽には大きな架台が設置されていることも多々あります。その架台が腐食しないよう塗装などのメンテナンスを定期的にする必要があります。鉄製架台の塗り替え周期は、おおよそ5年となります。

最大のリスクとして一番懸念されるのは配管です。地上の受水槽から屋上の高置水槽に一旦汲み上げられ、そこから各戸に給水するため、配管経路の長さも倍になります。築古の建物の給水管の多くは露出配管（内部に隠蔽されず外部にさらされている配管）です。そのため、紫外線や衝撃により腐食し、欠損してしまいます。配管交換には当然足場が必要となり、その分の費用も必要になります。

当社で買取をした案件で、受水槽から高置水槽間の配管・ポンプ双方の交換で700万円程度の工事を実施したこともあります。

このようなことから、高架水槽給水方式の物件に関しては、給水設備の劣化状況の確認がより重要になります。貯水槽・給水ポンプのチェックポイントは次のとおりです。

【貯水槽・給水ポンプのチェックポイント】

1　配管・バルブの状況

・既に錆びていないか

・ラッキング（※）が施されているか

※給排水管などの配管の保温材をさらに保護する薄い金属の板状の材料。

2　ポンプ本体の状況

・エラーコードなどの異常警報表示が出ていないか

・10年以上使用していれば交換を視野に入れる

3　貯水槽の劣化状況

写真：配管・バルブ

・藻が生えていないか
・ボルトが錆びていないか
・検査済証のシールがあるか（直近1年以内）
・傾いていないか

4　高置水槽の架台の状況
・錆びていないか
・欠損していないか

水は入居者の生活において、非常に重要なものです。安全な水を提供することは、物件所有者の果たすべき義務の1つです。

建物の規模が大きくなれば、このような設備も付随して大きくなり、交換・改修費用も高額となります。給水設備の是正工事は、今後の収支計画に大きな影響を及ぼします。物件選定時に、貯水

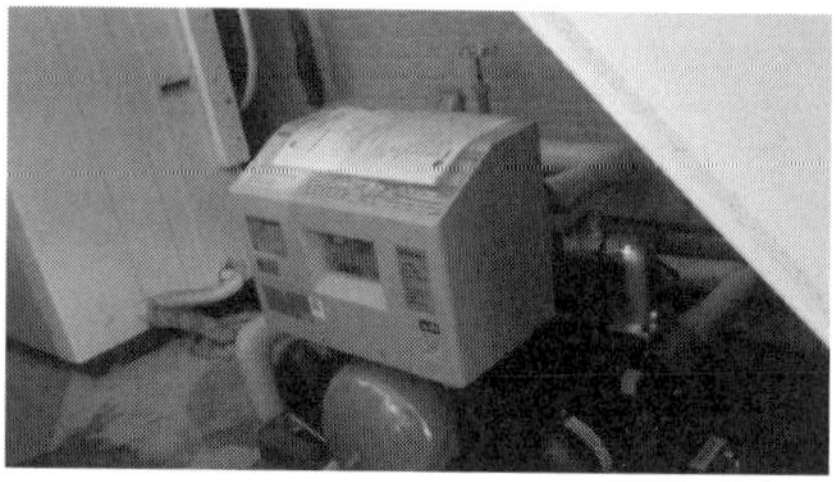

写真：給水ポンプ

槽・給水ポンプの状況を把握することは、非常に大切なこととといえます。

●**貯水槽**
年に1回の法定検査と清掃が必要
検査済証のシールにより確認が可能となることもある

●**給水ポンプ**
定期的な検査・部品交換により、ポンプの負荷を小さくすることで、長期使用につながる
給水ポンプの本体交換費用　最大300万円程度

●**高架水槽給水方式は特にメンテナンス費用が大きくなる**
↓劣化状況の確認がより重要

■浄化槽は必ず点検・修繕費用が発生

浄化槽が設置された収益物件には、点検・修繕費用が必ず発生します。下水（汚水・雑排水）は、「下水道」・「浄化槽」のどちらかに流されます。そして下水は、それぞれのところで処理されて河川などに放流されています。共同住宅の下水の処理も例外なくこのどちらかになります。

「下水道」とは、汚水を道路などの地中に埋設された下水管によって下水処理場に運び、処理場できれいな水にして川などに放流する施設を意味します。「浄化槽」は、敷地内に設置し、微生物の働きなどを利用して汚水を浄化し、きれいな水にして川などに放流する設備を意味します。

浄化槽は年々減少していますが、当社の管理エリアでも浄化槽を利用しているエリアが、多数あります。群馬・埼玉・千葉には、まだまだ浄化槽を使用している建物が多く見受けられます。

下水道に接続し、汚水を下水道へ流すためには、下水道使用料を行政に納める必要があります。使用料は、基本的に上水道の使用水量と同じ水量を汚水量として算定されます。この下水道使用料は共同住宅においては入居者が各々負担していただくケースがほとんどです。

一方、浄化槽は下水道使用料を納めない代わりに、浄化槽を点検・メンテナンス・清掃し

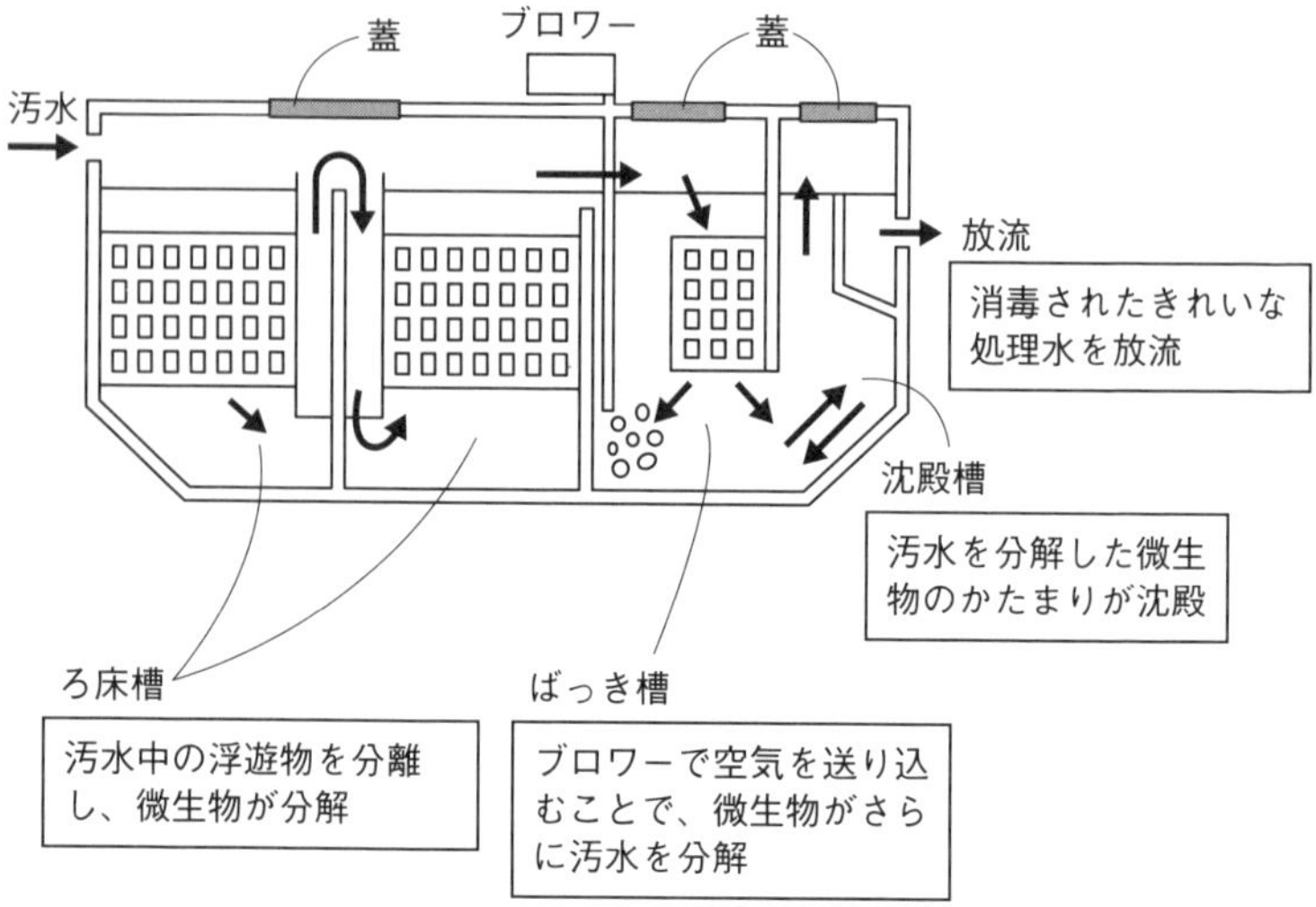

図：浄化槽

ていく必要があります。これは所有者の義務となります。この義務を果たさなければ、下水が衛生的に処理されず、入居者の健康被害など大きな問題に発展しかねません。

【浄化槽維持の義務】

1　年に1回の清掃

2　年に4回程度の保守点検

3　法定点検　第11条検査（定期検査）※年に1回

年に1回の清掃についてですが、行政によっては清掃業者に地域指定を行っているところもあります。つまり、浄化槽の清掃は行政の許可を受けた業者のみが実施できます。清掃をするにあたり、汚泥引き抜き作業という汲み取りのような工程があります。

この作業費（㎥単価）が指定されており、費用が高額な自治体もあります。清掃料金の制定・改正を行うには市長の承認を受けなければならないとのことで、これが賃貸経営において、大きな痛手を負うケースもあります。当社の管理エリアにおいても、汲み取り費用がかなり高額な自治体がいくつかあります。

年に４回程度の保守点検についてですが、処理方式が特殊な浄化槽は２週間に１回（年24回）保守点検が必要なものもあります。当社で現在管理させていただいている物件にもこの年24回の保守点検が必要な物件があります。

年間費用で考えると、25万円程度の費用が保守点検でかかってしまいます。このようなことから、購入予定物件の汚水処理が浄化槽の場合、過去の保守点検記録を確認することが必要になります。

浄化槽の維持メンテナンスを続けていくか、一方で下水道に切り替えるという選択肢もあります。そのためには、接道している道路に下水本管が埋設されていることが条件となります。受益負担金（※）を納めれば下水の利用が認められ、浄化槽から下水道への切り替え工事が可能になります。この切り替え工事は行政の指定する水道業者にて工事可能です。

※特定の公共事業に必要な経費に充てるため、その事業から特別の利益を受ける者に一定

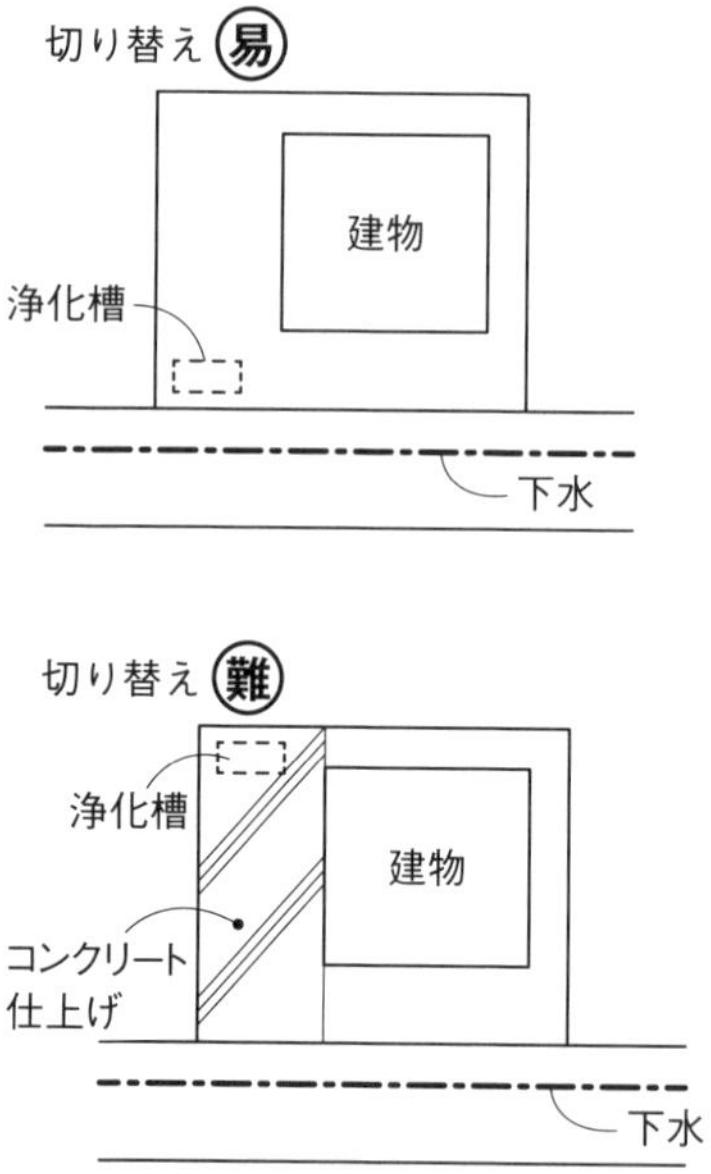

図：切り替え工事の難易度

限度内で負担させる金銭のこと。

浄化槽が下水の埋設された道路の近くにあればこの工事は比較的安価になります。一方で、浄化槽が下水の埋設された道路から遠く、屋外通路がすべてコンクリートで仕上げされているような物件であれば、コンクリートを解体する費用などが余分にかかり、工事費用が膨大となります。

行政が下水道を普及しようとしているため、早急に切り替えを求められるケースもあります。浄化槽が敷地のどの位置にあるか把握し、将来の切り替えやすさについても、合わせて確認することが大切です。

浄化槽を使用している物件は、比較的低賃料の物件が多いです。そのため維持メンテナンスや切り替え工事に多額の費用を費やすのは、収支計画に大きな影響を与えてしまいます。このようなことから、浄化槽の検査記録や下水道完備計画の有無の確認は非常に重要といえます。

●浄化槽の物件の見極めポイント

・必要保守点検の数が異常に多い（通常は年に4回）
・汚泥引き抜き作業費が高額なエリア

→ある程度のメンテナンス費用がかかることを承知の上、購入する必要がある

■思わぬ交換・修繕費用がかかりがちな自動火災報知設備

自動火災報知設備が設置されている収益物件は、思わぬ交換・修繕費用が発生してしまう場合があります。自動火災報知設備とは、防災設備の1つであり、火災による煙や熱を感知器が早期に自動的に感知して、警報ベルなどで建物内の人達に火災を知らせる設備です。

共同住宅においては、延床面積500㎡以上で自動火災報知設備を設置する義務が発生します。また、この自動火災報知設備は設置するだけではなく、定期点検を実施しなければなりません。

点検周期は消防法令で規定されおり、半年に1回が義務であり、所轄消防署への書類提出は建物により1年に1回か3年に1回となります。購入を検討している物件があれば、まずは消防の定期点検を実施しているか確認することが重要です。

まれに500㎡以上の共同住宅でこの自動火災報知設備が設置されていない建物もありま

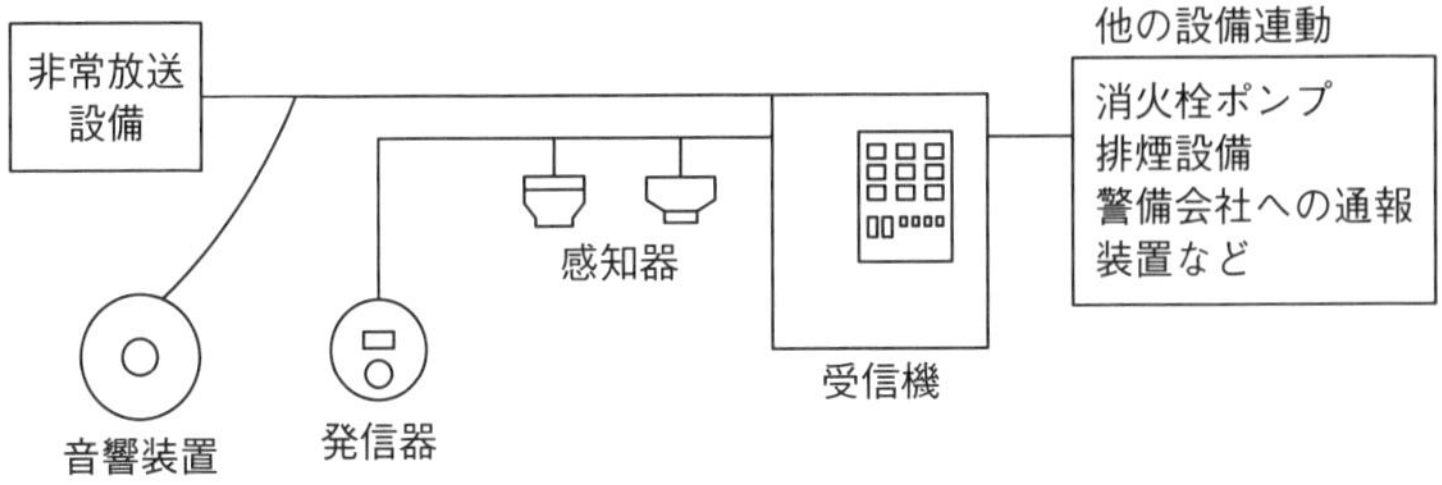

図：自動火災報知設備

す。このまま放置してしまうと罰則がかせられてしまいます。万が一、火災が発生し、死亡者が出てしまったとしたら、管理義務を怠ったとして大きな罪に問われてしまいます。

点検結果報告書により設備設置の有無だけではなく、各設備に対して是正項目があがっているかの確認も重要です。特に、この自動火災報知設備の受信機交換は高額な工事となる可能性が高いです。

一般社団法人日本火災報知器工業会によると受信機の交換目安は15年となっています。受信機だけではなく、他にも感知器・発信機といった機器も交換が必要ですが、一番大きな費用がかかってしまうのが、この受信機交換となります。

所轄消防署の考えによりますが、受信機交換をする際に、感知器や発信機もあわせて交換するようにと指導されたケースもあります。これは親機である受信機を交換すれば、子機の存在となる感知器や発信機も当然同時に交換すべきという考えに基づいたものです。これにより、交換工事に２００万円以上かかってしまいます。

この自動火災報知設備は、入居者の安全を守るとても大切なものになります。所有者には、この設備のメンテナンス義務があります。安全な不動産投資とするためにも、このような設備が適正に機能しているかを購入前に把握することは、とても重要なことといえます。

●自動火災報知機のポイント
床面積500㎡以上の共同住宅→自動火災報知設備を設置
消防点検結果報告書の確認により、設置状況・是正有無の確認
自動火災報知設備の受信機交換費用は200万円を超えるケースもある

■不連続なベランダの避難ハッチ交換に注意！

避難ハッチが必要、かつ、ベランダがそれぞれ独立している物件は、交換工事に多額の費用を要す可能性があります。避難ハッチとは避難はしごの一種であり、避難するためのはしごになります。避難ハッチの設置が義務付けられている建物は消防法で定められています。目安になりますが、共同住宅では、各階の収容人数が30人以上で必要になります。

避難ハッチの材質は大きくスチール製とステンレス製に大別されます。スチール製の避難ハッチは腐食しやすいため、現在は使用されていません。平成4年に消防庁から避難ハッチ

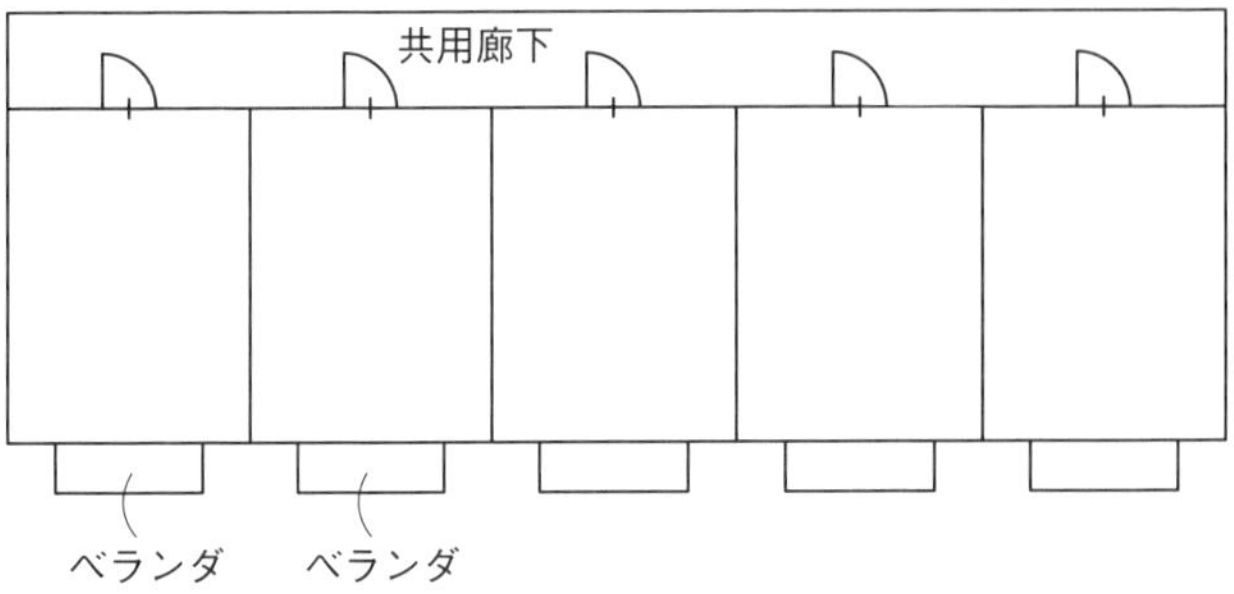

図：不連続なベランダの例

の基準について、ステンレス製以外の材質は認めないとの通知が出されています。

平成4年以前の共同住宅にはこのスチール製のハッチが多く使用されています。この20年以上使用されているスチール製のハッチは交換の時期を迎えています。スチール製からステンレス製のハッチへの交換費用は1カ所あたりおおよそ16万円となります。

避難ハッチはベランダに設置されることがほとんどです。そこで問題になるのはベランダの連続性になります。

各階のベランダが、隔て板などにより仕切られていて、すべて連続していれば、避難ハッチの交換は各階1カ所になります。各住戸のベランダがそれぞれ独立していて、不連続なベランダであったとしたら、避難ハッチの設置箇所数は当然多くなっています。

4階建て40戸の共同住宅で各階のベランダがすべて独立している場合のハッチ交換費用は、30戸 × 16万円 ＝

480万円　という膨大な費用が発生しています。

避難ハッチは、入居者の人命を守る大切な防災設備の1つとなります。これを適切に維持管理していくことは所有者の義務になります。

ベランダが個々に独立している物件は、プライバシーが確保されており、快適な住環境といえます。しかし、膨大な数の避難ハッチ交換という高額な費用が発生し、収支を圧迫する可能性があります。このようなことから、**各階の収容人数が30人以上の大きな物件に関しては、ハッチの材質・ベランダの連続性をしっかりと確認すべきです。**

●一定規模以上の共同住宅→避難ハッチが必要となる
・平成4年以前の共同住宅にはスチール製のハッチが多く使用されている
→ステンレス製への交換が必要
・避難ハッチ交換費用　16万円／カ所
・不連続なベランダ（個々に独立したベランダ）は交換箇所数が多くなり、交換費用が膨大となる

■エレベーターは最も高額な修繕費用が必要

収益物件に付随する共用設備において、最も高額な修繕費用が発生するものはエレベー

ターです。大型の共同住宅にはエレベーターが設置されているケースが多いですが、そもそも一定規模の建物には、エレベーター設置義務があります。建築基準法第34条では、高さ31m超の建物には「非常用の昇降機」を設けなければならないとされています。６階以上の住宅には、エレベーターがまず設置されていると考えて良いでしょう。

エレベーターの主な駆動方式として、ロープ式と機械室レスと油圧式があります。ロープ式は、エレベーターの上階に機械室を設置し、制御装置、巻上機などを置くタイプであり、最も主流なタイプです。機械室レスは、巻上機や制御装置を昇降路内に設置し、機械室を省いたものですが、これも制御的にはロープ式と全く同じものです。現在の新築マンションなどに設置するエレベーターはこの機械室レスが主流になっています。

これに対し油圧式は、最下階に設置された電動ポンプを駆動させ、油圧ジャッキに作動油を送り込んでかごを持ち上げる方式です。建築時の高さ制限や外観の影響を受けないというメリットがある一方で、ポンプで油を送り込む構造上、騒音発生、消費電力が大きい、油が万一流出してしまった場合の環境リスクなどデメリットがあります。

さて、エレベーター所有者にはどのような義務があるのでしょうか。建築基準法第８条では「建築物の所有者、管理者又は占有者は、その建築物の敷地、構造及び建築設備を常時適法な状態に維持するように努めなければならない」と定められています。

これを実現する方法として財団法人日本建築設備・昇降機センターより、「昇降機の維持及び運行の管理に関する指針」が出されています。その中で、「所有者等は、昇降機の維持及び運行の安全を確保するため、使用頻度等に応じて専門技術者に、おおむね1月以内ごとに、点検その他必要な整備又は補修を行わせるものとする」と明記されています。つまり、おおむね1月以内ごとの保守点検が義務付けられています。

また、建築基準法第12条により定期検査の実施が定められています。検査者についても、一級建築士若しくは二級建築士又は昇降機検査資格者と定められています。検査の項目、方法及び判定基準については、平成20年国土交通省告示第２８３号により定められています。

検査者が前回の検査結果を確認できるように、検査結果の保管も必要です。保守点検及び定期検査の記録は3年間の保管が必要とされています。

エレベーター所有者には保守点検・定期点検の義務があるため、エレベーターメンテナンス業者との契約が必要になります。この契約には「フルメンテナンス契約」と「ＰＯＧ契約」があります。

・フルメンテナンス契約

フルメンテナンス契約とは、月々の定額料金の中に、消耗品だけでなく、劣化した部品の

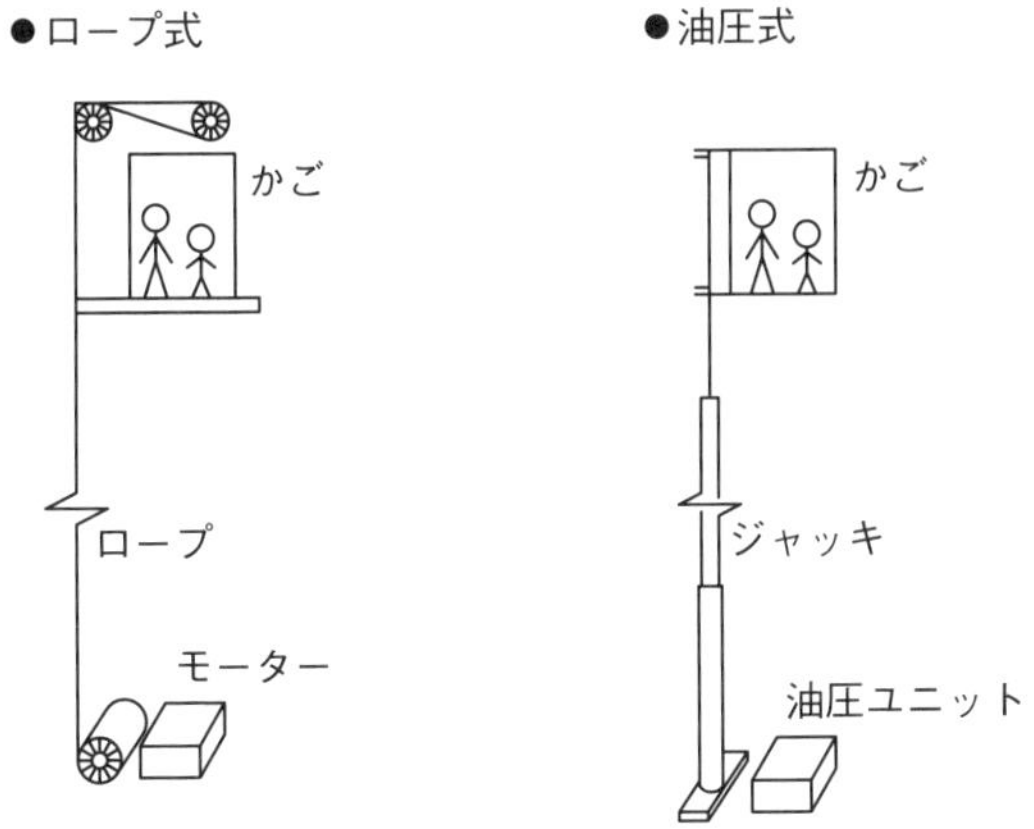

図：エレベーターの種類について

修理あるいは取替えも含まれています。しかし、エレベーターに関するすべてが保証されるわけではありません。一部の部品に限り修理あるいは取替えが可能なのです。

・POG契約

ＰＯＧ契約の、ＰＯＧとはParts（パーツ）、Oil（オイル）、Grease（グリス）の略で消耗部品の交換、オイルの補給、潤滑剤の塗布などが月々の定期料金に含まれています。定期的な点検、消耗品交換は、フルメンテナンスと同じですが、部品の修理や取替えが必要となった場合には、別途費用がかかります。

フルメンテナンスとＰＯＧを比較すれば当然フルメンテナンスの方が料金設定は高く設定されて

います。ＰＯＧ契約はフルメンテナンス契約の５〜６割程度の費用で済むことが多く、当社の管理する物件のほとんどはＰＯＧ契約です。フルメンテナンス契約で運用したと仮定し、フルメンテナンスとＰＯＧ契約の差額を別枠で積み立てておくのがベストと思われます。

●エレベーターには点検・検査・修繕の義務がある
↓エレベーターメンテナンス会社との契約が必要となる＋メンテナンス契約
ＰＯＧ契約はフルメンテナンス契約の５〜６割程度の費用
フルメンテナンス契約では消耗品だけでなく、一部の部品修理・交換も含まれる

■エレベーターのメンテナンスをどこに依頼するか

メンテナンスをどこの会社に頼むかも非常に重要です。エレベーターの保守点検をするメンテナンス会社は、独立系の会社とメーカー系の会社の２種類です。

メーカー系とは、メーカーのメンテナンス会社です。よく耳にするような大手メーカーが作った機械を専門的に保守点検している会社になります。三菱電機、日立製鉄所、東芝エレベーター、日本オーチス・エレベータ、フジテックなどがメーカー系にあたります。基本的に、メーカー系は、自社系列で製造したエレベーターのみメンテナンスを行います。

これに対して独立系とは、どこのメーカー系列にも属していないメンテナンス会社です。

基本的に、独立系は、メーカーに縛りがなく、どこのエレベーターメーカーでもメンテナンスができます。それぞれのメリット・デメリットは次のとおりです。

【メーカー系】
メリット：専門的であり、かなり細かい知識を有している
デメリット：料金が高い

【独立系】
メリット：料金が安い
デメリット：メーカーと比べると技術的に不安な部分があるとの見方をされている

当社が管理している物件のほとんどは、独立系の会社によるメンテナンスです。メーカー系に技術力があり独立系にはないというわけではなく、いかに良い提案をするかが重要だと考えています。

エレベーターメンテナンスは非常に専門性が高い業種です。建築業界に携わる人間でさえ、不安をあおられ数多くの部品交換の提案をされたとしても、必要性に対しての判断ができないことが多々あります。**所有者に寄り添った最適な提案をしてくれるような会社を選択すべ**

きです。

良い業者と安価にメンテナンス契約を締結する手段として、管理会社のスケールメリットを活かすという方法もあります。本気でエレベーターメンテナンスと向き合っている管理会社に任せるのも良い選択といえます。提案力と価格を総合的に判断することが大切です。

> ●所有者に寄り添った提案力のある会社と契約する
> 独立系の会社によるＰＯＧ契約でも問題なし

■最大のリスク、エレベーターのリニューアル工事

エレベーターを所有していることの最大のリスクは、エレベーターリニューアル工事です。ここで述べるリニューアル工事は、主に、巻上機・制御盤・操作盤などの取替え工事です。

一般的に、エレベーターリニューアル時期は25年～30年が1つの目安といわれています。エレベーターは人の命を運んでいます。安全性を確保することは当然の義務です。保守点検・定期点検・メンテナンスによって寿命を延ばすことはできても、いずれはリニューアル工事が必要になります。

また、メーカーによっては部品供給を停止しているものもあります。これを理由に早急にリニューアル工事を迫られるケースも多々あります。このリニューアル工事費用は最大１５

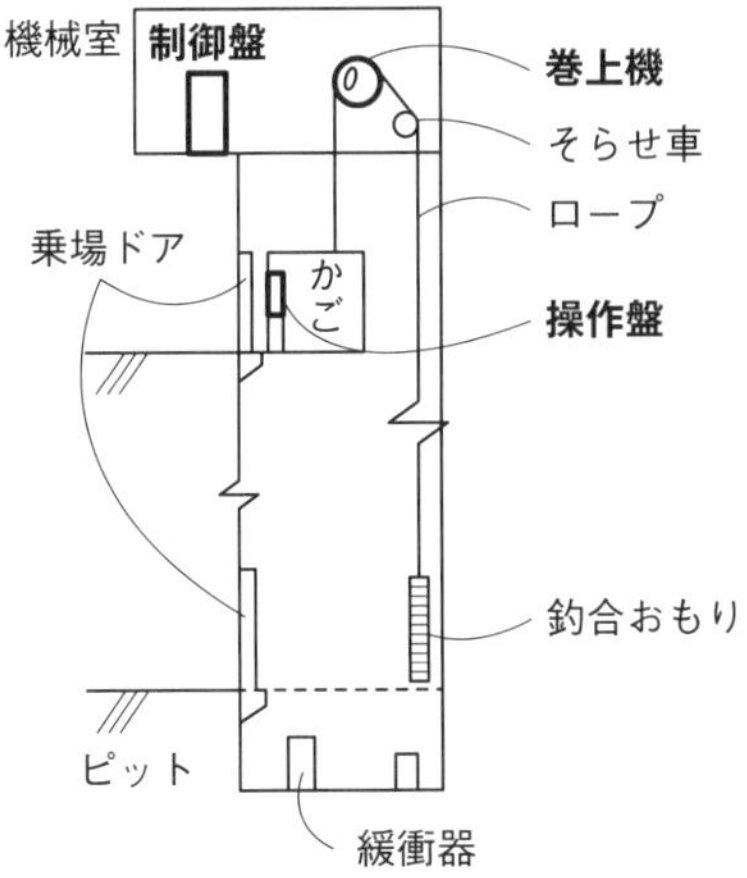

図：エレベーターリニューアル部材（ロープ式）

００万円程度となります。共用設備の中で最も高額な是正費用となります。購入を検討している物件のエレベーターが30年を過ぎて稼動しているようであれば、リニューアル工事の可能性が高いというリスクを受け入れる必要があります。

物件を購入した直後に、エレベーターリニューアル工事が発生すれば、収支計画が大きくズレてしまいます。エレベーターの修繕履歴の確認は、収益物件選定の大きなポイントとなります。

●エレベーターリニューアル工事→25年〜30年が目安
リニューアル工事費用　最大1500万円程度
30年以上稼働しているエレベーターには非常に大きいリスクが存在している

■オートロック連動インターホンの修繕コスト

マンションタイプの大型の共同住宅には、オートロック連動インターホンが設置されている物件が多いと思います。このオートロック連動インターホン――いわゆる集合住宅用インターホンは、オートロックにより防犯性を高め、入居者の暮らしをより安全・快適にするものです。このオートロック連動インターホンも、修繕コストを考慮しなければなりません。

設備には必ず更新時期があります。集合住宅用インターホンの更新の目安期間は、15年といわれています。（一般社団法人インターホン工業会より）使用しているインターホンによっては、生産中止から時間が経つために修理部品の在庫がなく、故障した際、修理ができないケースもあります。この場合、どこか1つの住戸インターホンが故障すると、棟全体のインターホンシステムを交換しなければなりません。

どうにか部材の交換で対応できないか、メーカーに何度も問合せをしたこともあります。部品の生産が中止されていれば、メーカーは取り合ってはくれません。他室は問題なく使用できていても、泣く泣く全交換せざるを得ません。インターホンシステム全体交換に要する費用は、最大４００万円程度となります。

集合住宅用インターホンの経年劣化による故障は、入居者に不便を感じさせるだけでなく、不法侵入者の立入りや不正利用などのマンション犯罪を引き起こす危険性があります。入居者への安心・安全という付加価値の提供と引換えに、メンテナンスの義務があるのです。

オートロック連動インターホンが設置されていることにより、物件のスペックが上がる一方で、メンテナンス費用が発生します。賃料設定の低い物件は、このような設備投資が逆に、収支を圧迫してしまう可能性があります。購入を検討している物件の**オートロック連動インターホンが、15年を過ぎているようであれば、全交換工事というリスクをはらんでいること**を考慮すべきです。

●オートロック連動インターホンの交換目安は15年
部品が生産中止されている場合、どこか1つの住戸インターホンが故障すると、棟全体のインターホンシステムを交換しなければならない
↓インターホンシステム全体交換費用　最大４００万円程度

■8年ごとに交換が必要な水道の子（私設）メーター

子（私設）メーターが設置されている収益物件は、メーター交換費用という修繕費が定期的に発生します。子（私設）メーターとは、共同住宅において、所有者が一括して水道局に支払った水道料金を、入居者の使用量に応じて精算するために設置されたメーターのことをいいます。

これに対し、水道局が料金徴収に使用しているメーターを親（公設）メーターといいます。共同住宅は親メーターを介しそれぞれの子メーターを経由しているものもあれば、すべて親メーターを使用している場合と二通りあります。

計量法施行令第18条（検定証印等の有効期間のある特定計量器）によると、水道メーターの有効期間は8年とする旨の細目が計量法施行令別表第3に規定されています。つまり**水道メーターは8年に1回交換する必要があります。**

親メーターは有効期限が近づくと水道局が使用者に通知のうえ、取り替えます。子メーターも親メーターと同様、有効期限内のメーターでなければなりません。子メーターは物件所有者負担での交換となります。交換費用は1戸あたり10万~15万円程度かかります。仮に20戸の物件であれば200万~300万円となってしまいます。これを8年ごとに繰り返すことになります。

一方で、交換のタイミングで私設メーターの公費化も可能です。公費化してしまえば今後8年に1回のメーターの交換工事が不要となります。しかし、公費化するのにもお金がかかります。メーター交換工事費にプラスして水道分担金を納める必要があります。

この水道分担金は各市町村で変わります。埼玉県さいたま市であれば1戸あたり10万8000円（神奈川県横浜市16万2000円）となり、20戸の物件ではこの分担金だけでさらに216万円（横浜市324万円）かかってしまいます。このようなメーター交換費用という修繕費が、まとまって発生するのは大きなダメージとなります。そのため**購入する物件の水道メーターが、私設なのか公設なのかを事前に把握する必要があります。**

●水道メーターは8年に1回交換する必要がある
親（公設）メーター→水道局負担で交換
子（私設）メーター→所有者負担で交換
水道メーター交換費用　1戸あたり10万～15万円
私設メーターの公費化→水道分担金を納める必要がある

■飲用井戸は衛生管理が必須

飲用井戸は衛生管理が必要となり、それに伴い予期せぬ修繕費がかかってしまうことがあ

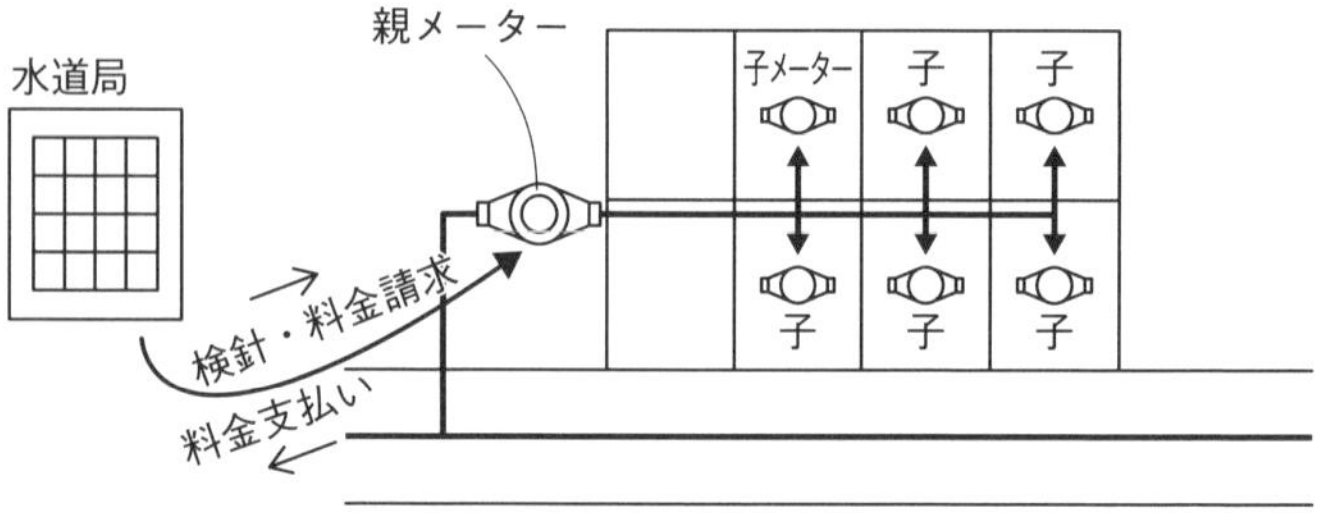

図：親メーターと子メーターの関係性について

ります。建物に供給される水は、上水（水道水）と井戸水に大別されます。共同住宅においても、飲用井戸を使用している物件があります。当社が管理しているエリアにおいても、千葉県の一部に多く見られます。

井戸水は有害物質の地下浸透や井戸等の管理が不十分なことにより、汚染される恐れがあります。**飲用井戸の衛生確保は、原則として所有者の責任となります。**次のような点に気を付け、適正な管理が必要になります。

【飲用井戸の衛生管理】
・井戸周辺への立入り防止対策
・井戸や周辺設備の定期的な点検
・定期的な水質検査の実施

水質検査とは、水の色・におい・硬度などの性質・有害な化学物質や細菌の有無などを調べ、使用目的の基準を満たしているか判定する検査のことです。水の安全を確認する基準として51項目について水質基準が定められています。飲用井戸の水質検査に関しても、この水質基準を満たすことが求められます。

ここに大きなリスクが潜んでいます。それは、設置時は水質基準を満たしていても、数年後に環境の変化などにより、不適合となってしまうケースです。実際に当社で管理している物件においても、このような事例がありました。水質基準の51項目の1つである一般細菌が許容値を超えてしまい、不適合となってしまいました。

入居者の健康被害に関わってくるため、早急に是正する必要があります。これを是正するためには、新たに滅菌器を設置しなければなりません。滅菌器とは、井戸水中の大腸菌・一般細菌を除菌するもので、設置費用は40万円程度となります。また、滅菌装置設置後も薬液の補充が必要になります。もし、鉄分・マンガンなどが検出されれば、ろ過装置が必要となる場合もあり、その際は200万円程度の設置費がかかります。

井戸の水質を改善する以外の対策として、上水の整備が完了しているエリアであれば、上水への切り替えという方法もあります。切り替えに要する費用は200万円程度です。

飲用井戸は、経年劣化によるポンプ交換のリスクに加え、周辺環境の変化による水質基準不適合が大きな不安要素となります。飲用井戸を使用している物件は、比較的低賃料の物件が多いです。ろ過装置の設置などにより高額な費用が発生すれば、収益性が著しく低下してしまいます。

もしも**購入を検討している物件が飲用井戸を使用しているようであれば、水質検査結果報告書を必ず確認する必要があります。**不適合項目があった場合は、滅菌器やろ過装置を新設する可能性が高いことを鑑み、購入するかどうか判断ください。

> **●飲用井戸の物件**
> 水質検査基準の許容値を超えている項目がないかを確認
> 許容値を超えている項目があれば、是正費用を鑑み物件購入を判断する

■植栽の多い物件の注意事項

植栽の多い物件は、日々のメンテナンスにおいて、多額の費用が発生する可能性があります。植栽のある共同住宅は、緑があることで豊かさを感じることができ、入居者の日々の癒しとなります。都心ではなく、郊外の物件においては、特に植栽が多く見受けられます。

一方で、植栽の適切な維持管理ができていなければ、逆に美観を損ねてしまい、大きなマイナスとなってしまいます。

植栽があることのメリットとして、次のようなことが考えられます。

【植栽のメリット】

・緑があることで豊かさを感じる
・季節を感じることができる
・環境美化
・目隠しとなり、プライバシーが保護される

植栽は、入居者の住環境の質の向上につながるよいものであることに間違いありません。

一方で、デメリットもあります。

【植栽のデメリット】

・枯れてしまうことで、景観を損ねる
・定期的な剪定が必要
・毛虫などの害虫被害
・植栽が育ちすぎて、日当たりが悪くなる
・植栽が育ちすぎて、建物や舗装された地面などに悪影響を及ぼす

植栽はお金をかけて維持管理をしていかなければなりません。植栽の維持管理ができていなければ、他の面も同様ととらえられ、「管理体制が甘いのではないか」というところにまで発展しかねません。植栽の維持管理には、どれぐらいの費用がかかるのでしょうか。植栽のボリュームで大きく変わってきますが、剪定や害虫駆除工事に年間200万円以上かかってしまうこともあります。

植栽付きの共同住宅にはもう1つデメリットがあります。それは、植栽の伐採・伐根が難しいという点にあります。維持管理費の削減のため、植栽の伐採・伐根を検討することは賃貸経営において、1つの選択肢になります。当社でも、オーナー様より、植栽の伐採・伐根のご依頼をいただくケースがあります。その際に、非常に高い確率で入居者やご近隣様よりお問合せをいただきます。

その中で最も多いのが、「植栽がなくなることで丸見えになってしまうので何とかして欲しい」というような内容です。その他にも、「植栽を気に入り入居したので伐採しないで欲しい」というようなお話をいただくケースも多いです。このような理由により、やむを得ず伐採・伐根を中止したこともあります。また、目隠し代わりとして、新たに高いフェンスを設置しなければならず、思わぬ出費となるケースも考えられます。

植栽の伐採・伐根は簡単な工事のように思われますが、伐採・伐根をしてしまうことで大きなトラブルを引き起こす可能性が高いのです。植栽付きの物件選びのポイントは次のとおりです。

【植栽付きの物件選びのポイント】
・伐採・伐根が容易にできるか
・害虫がつきにくい植栽かどうか
・大きくなりにくい植栽かどうか

伐採・伐根が容易にできる状況とは、植栽を撤去しても他にも目隠しがあるというような状況です。また、隣地までの距離が長く、植栽を撤去してもプライバシーが損なわれにくいような状況も考えられます。

植栽の種類を調べることも効果的です。剪定・消毒の頻度に加え、維持管理するうえでの概算費用を把握することが重要です。

植栽からは直接利益を生むことはありません。むしろ維持管理費が必要になります。**植栽が多すぎる物件は、賃貸経営の側面から見て大きなマイナスになります。**入居者への快適な住環境の提供と維持管理費のバランスを鑑みることが大切です。

●植栽付きの共同住宅の注意点
・植栽の維持管理に費用がかかる
・植栽の適切な維持管理ができないと、美観を損ね、大きなマイナスとなる
・植栽の伐採・伐根が簡単にできない

■故障や交換に即時対応が求められる電気温水器

電気温水器により給湯している物件は、修繕費用を考慮しなければなりません。電気温水器とは、貯水タンクの中にヒーターを設置し、その熱を利用してお湯を沸かす設備です。割安な夜間の電気を使用し、翌日に必要なお湯を貯めておきます。ガスを利用してお湯をつくる機器をガス給湯器、電気を利用してお湯をつくる機器を電気温水器といいます。

電気温水器のメリットは調理器をIHなどの電気調理器にすることで、ガスを使用しないオール電化にすることができます。ガス代がかからないため、ランニングコストを下げられるというところが最大のメリットです。また、ガスを引き込まないため、ガス漏れや不完全燃焼での一酸化炭素中毒の心配がないという面で安全です。

デメリットは、設置費用が高額であること、故障した際の修理に時間と費用が多くかかるということです。詳細は後述しますが、**収益物件という観点から見ると、電気温水器は収益**

物件に非常に不向きな専有設備といえます。

ガス給湯器の交換目安は10年から15年といわれています。電気温水器の交換目安も15年程度といわれています。大きさ・追いだき機能の有無によりますが、ガス給湯器の交換費用10万円程度に対し、電気温水器の交換費用は50万円となります。

ガス給湯器は故障や交換の即時対応が可能です。これに対し、電気温水器はガス給湯器ほど市場に流通していないため、納期に時間がかかります。当社でも緊急で電気温水器の交換を対応してきましたが、１週間程度かかってしまうのが現状です。この期間、入居者にはお湯を使えない生活をしていただくことになります。その間の銭湯代の負担はもちろん、中には銭湯までの往復のタクシー代を請求する入居者もいらっしゃいました。長期化してしまえば退去のリスクもあります。

また、賃貸管理という面から見ても電気温水器は非常に扱いにくい点があります。それは電気温水器が入居者から広く認知されていないことに起因する使用上の問題です。

１つ目は特殊な電力契約をしなければいけないということです。東京電力のエリアではスマートライフプランという契約をしなければ電気温水器を使用することができません。２つ目は使用前準備が面倒なところです。入居者ご自身で、使用前にタンクを満水にし、沸き上げ設定を行う必要があります。当社でも入居直後に、電気温水器が使用できないといったお

写真：電気温水器

問合せを多くいただいているのが現状です。

このようなことより、**電気温水器からガス給湯器への切り替えをお勧めします**。プロパンガス業者であれば、給湯器のフリーメンテナンス・無償交換を請け負ってくれるところが多いです。切り替えには条件がありますので、ガス業者又は管理会社に相談してみるとよいでしょう。

電気温水器を使用し、オール電化とすることで、入居者への訴求効果はある程度高まります。しかし、このメリット以上に交換・修繕工事によるデメリットは大きいです。電気温水器により給湯している物件は、修繕・交換工事に多額の費用が発生することを受け入れなければなりません。

●電気温水器のデメリット
・交換工事費用が高額　50万円程度
・即交換が難しい（長期化する可能性がある）
賃貸経営には不向き↓ガス給湯器への交換切り替えがよい

■できれば避けたい天井カセット型エアコン・マルチエアコン

天井カセット型エアコン・マルチエアコンが設置されている収益物件は、高額な修繕費用が発生するリスクを抱えています。賃貸物件において、今やエアコン設置は一般的になっています。賃貸物件に使用されているエアコンは一般家庭でよく使用されるルームエアコンがほとんどです。まれに分譲仕様の賃貸物件において、天井カセット型エアコン・マルチエアコンが使用されています。

天井カセット型エアコンは、天井に埋め込んで設置され、エアコンを目立たなくさせたり、4方向から送風できたりするので温度ムラができにくいなどの利点があります。一般的には、テナントや事務所などの空間ボリュームの大きいところに設置されています。

デメリットは、天井カセット型エアコン本体そのものがルームエアコンと比較して高額であることです。また、メンテナンスできる業者が限られているため、競争意識が低くメンテ

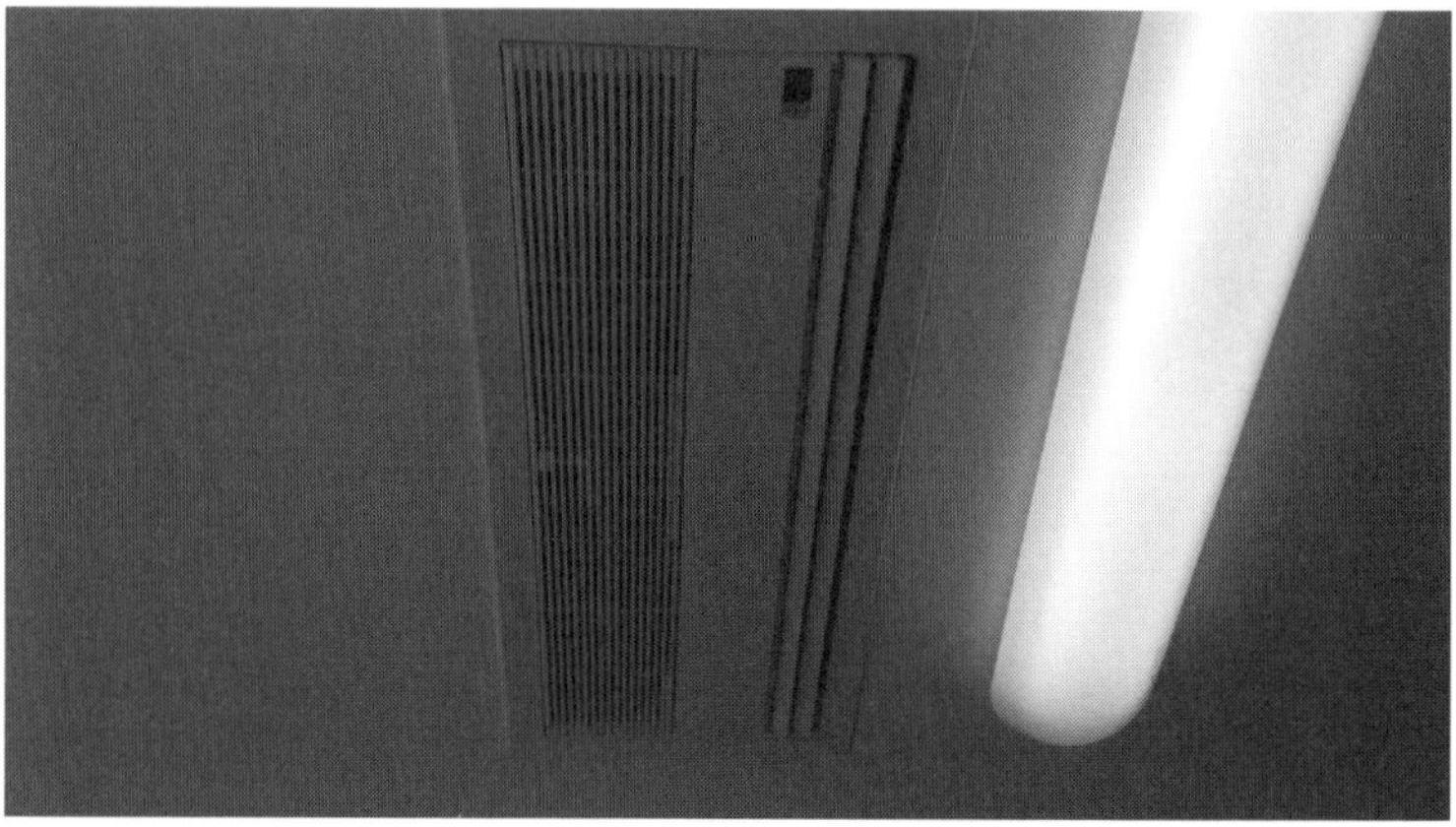

写真：天井カセット型エアコン

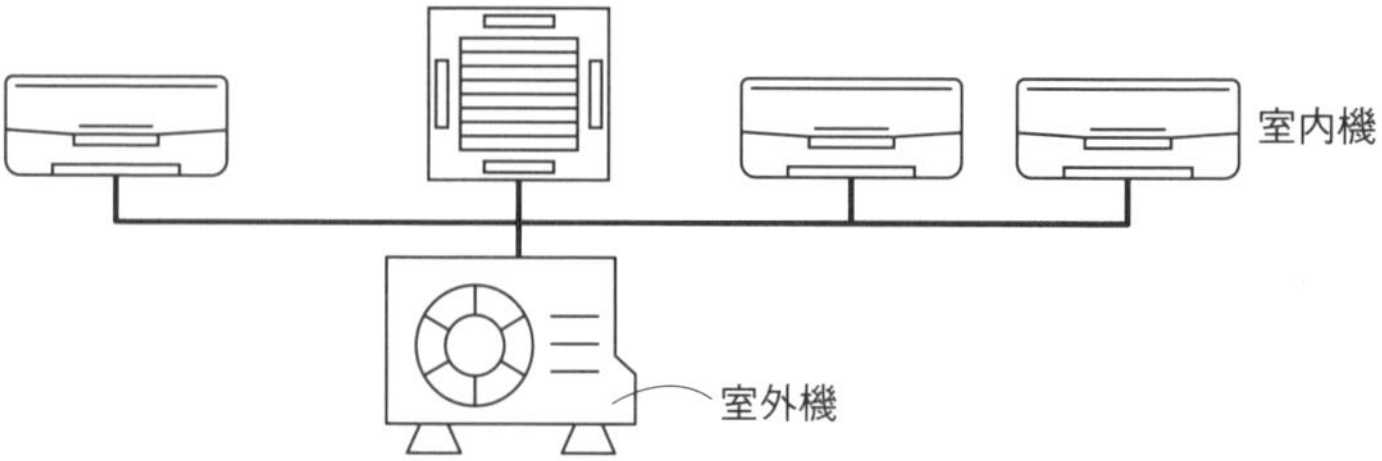

図：マルチエアコン

ナンス費用が高額であることです。

マルチエアコンとは、１台の室外機で２台以上の室内機を運転できるエアコンのことをいいます。１台の室外機で最大５台ほどの冷暖房を行うことも可能です。マルチエアコンのメリットは、室外機が１台設置のため、外観を損ねることがない、省スペース化によりベランダなどを広く活用できるという点です。

デメリットは、室外機が故障した場合、すべての室内機が使用できなくなり、交換費用が膨大になってしまうことです。**投資目的の賃貸物件という側面から見ると、この天井カセット型エアコン・マルチエアコンは非常に高リスクな設備となります。**

ルームエアコンは在庫があれば即日交換が可能です。しかし、天井カセット型エアコン・マルチエアコンは限られた業者でしか対応ができないため、即日対応が難しいケースがほとんどです。猛暑時期にエアコンが数日間使用できないという状況を想像してください。猛暑時期のエアコンの修繕・交換はスピードが最優先されます。

また、費用の面においても大きな差があります。６畳用程度のルームエアコンであれば10万円程度で交換工事が可能です。天井カセット型エアコン・マルチエアコンの交換工事はこの倍以上かかるのがほとんどであり、複数台のマルチエアコンでは80万円程度かかってしまうこともあります。

天井カセット型エアコン・マルチエアコンを設置している物件は、見栄えよく豪華な仕様に感じるのも事実です。しかし、修繕・交換費用が高額で、即対応が難しいため、収益物件には適しているとはいえません。このような設備が設置されていれば、ある程度の修繕費用を見込む必要があります。

●天井カセット型エアコン・マルチエアコンのデメリット
・特殊性が強く、競争意識が低いため、修繕・交換工事費用が高額
・即対応が難しい
天井カセット型エアコン・マルチエアコンは収益物件には不向き

■和式トイレから洋式トイレへの変更工事は高額

現在では和式トイレを見ることは非常に少なくなってきています。とはいえ築40年以上の共同住宅では和式トイレが設置されていることも少なくありません。和式トイレの最大のデメリットは入居付けに大きな影響を与えてしまうことです。和式トイレが設置されている物件は、収益性改善のため、多額な工事費用が発生する可能性があります。その他にも、詰まりが発生した際に、便器を取り壊さなければならない可能性があるというメンテナンスのしにくさもあります。

　このようなことから**和式トイレは賃貸経営をするうえでは、大きなマイナスとなります。**当社では、和式トイレは洋式トイレに変更するという工事を提案・実施しています。この洋式トイレへの変更工事は作業工程が多く、高額な費用が発生してしまいます。作業手順は下記のようになります。

【洋式トイレへの変更工事】

１　便器・床・壁を解体
２　洋式便器に合わせて給水管・排水管を移動する
３　床・壁の下地をつくる
４　内装材の仕上げ
５　洋式便器の設置

　この工事には大工・水道業者・内装業者の最低でも３社以上の工事業者の出入りが必要となってしまいます。工期も１日では完了せず、３日程度を要します。費用は50万円程度となります。購入を考えている物件が和式トイレであれば、マイナス面をなくすため、戸数×50万円の費用が発生してしまうことを想定に入れることをお勧めします。

●和式トイレは入居付け・メンテナンスの観点から、洋式トイレへ変更すべき
・変更工事費　50万円／カ所程度

■古いバランス釜の浴室はNG！

和式トイレ同様にバランス釜が設置されている物件は、ある程度の改修費を見込む必要があります。バランス釜とは、浴室内の浴槽の側に設置された写真のような風呂釜をいいます。給湯器の一種であり、給排気はすべて屋内とは完全に遮へいされた給排気筒で行われています。

バランス釜の欠点は以下となります。

【バランス釜の欠点】
・水圧が弱い
・釜を置くスペースが必要なため、浴槽が狭くなる
・釜まわりの隙間が多く、汚れが目立ちやすい
・空焚きによる火災などの事故のリスクがある

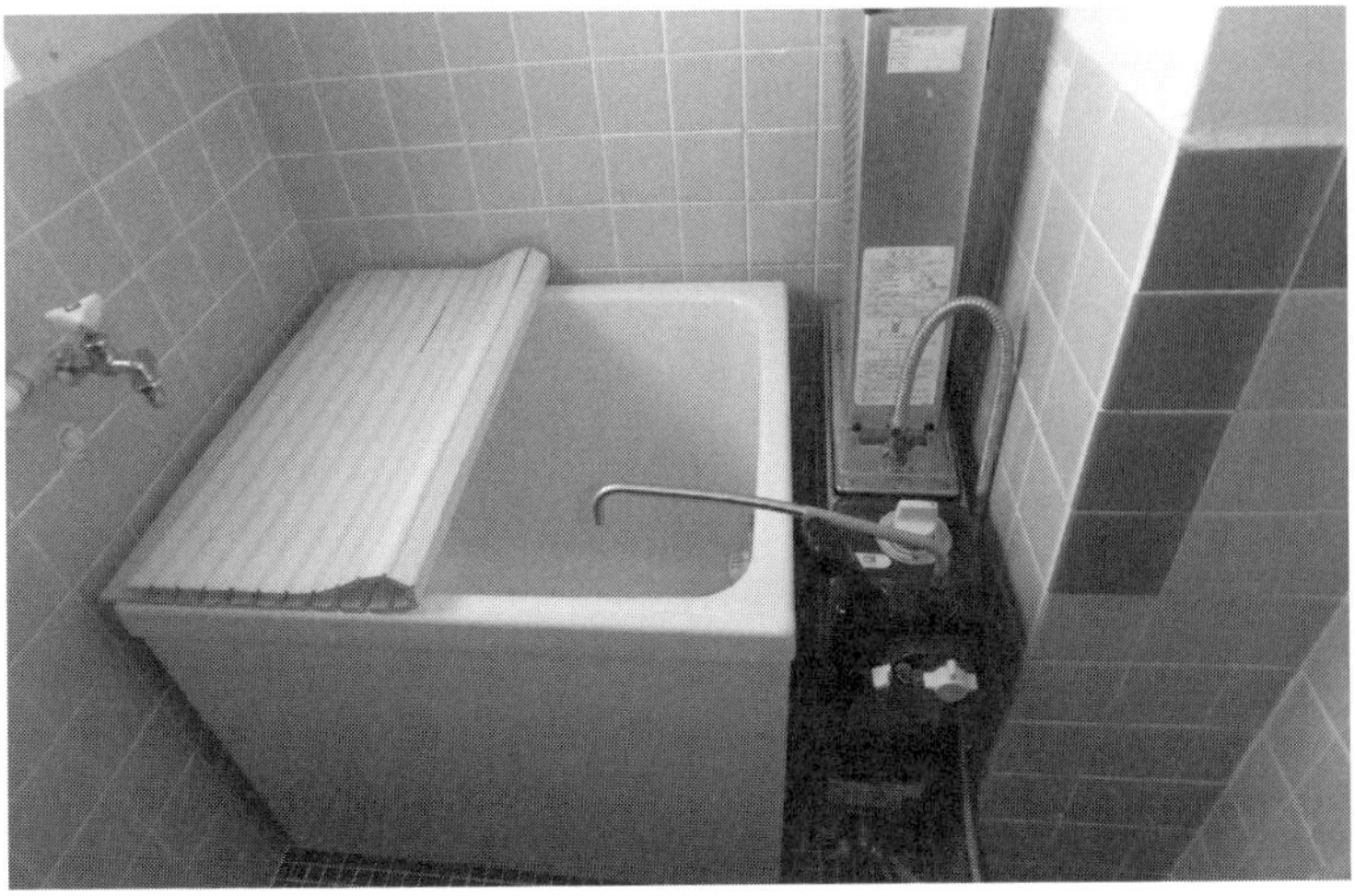

写真：バランス釜

このようなことから、バランス釜の物件は入居付けに大きな影響を与えてしまいます。バランス釜は、昭和35年頃公団住宅が建設された時に考案され、全国に普及されました。現在では、屋外壁掛け式給湯器が主流となっています。平成10年以降にはバランス釜はほとんど使用されていません。しかし、築30年以上の共同住宅ではこのバランス釜による給湯が多く見受けられます。

当社では、バランス釜による給湯から、壁掛け式給湯器による給湯への変更工事を提案・実施しています。同時に浴槽を広げる工事も提案しています。作業手順は次のようになります。

【壁掛け式給湯器への変更工事】

1　バランス釜・浴槽の取り外し

2　給湯器の設置（壁掛け式給湯器または壁貫型給湯器）

3　浴槽・水栓の取り付け

浴槽・水栓の交換工事を含め、工事費用は25万〜30万円程度となります。

ここで給湯器の選定が重要になってきます。壁掛け式給湯器または壁貫型給湯器のいずれかでの交換になります。

壁貫通型給湯器はバランス釜の給排気用の穴に納めるため、室内からの作業のみとなります。もともとバランス釜の代替えとして開発されたため、スッキリとした納まりとなります。

壁掛け式給湯器は屋外からの作業も必要になります。共用廊下側などに面してバランス釜が設置されている場合は、足場工事が不要なため、壁掛け式給湯器で容易に交換が可能です。

給湯器の値段を比較してみると、一般的に市場に出まわる給湯器は壁掛け給湯器であるため、壁貫通型給湯器よりも壁掛け式給湯器の方が安く納入することができます。5万円程度の差があります。屋外からの作業が可能であれば壁掛け給湯器にて交換することをお勧めします。

写真：壁貫通型給水器

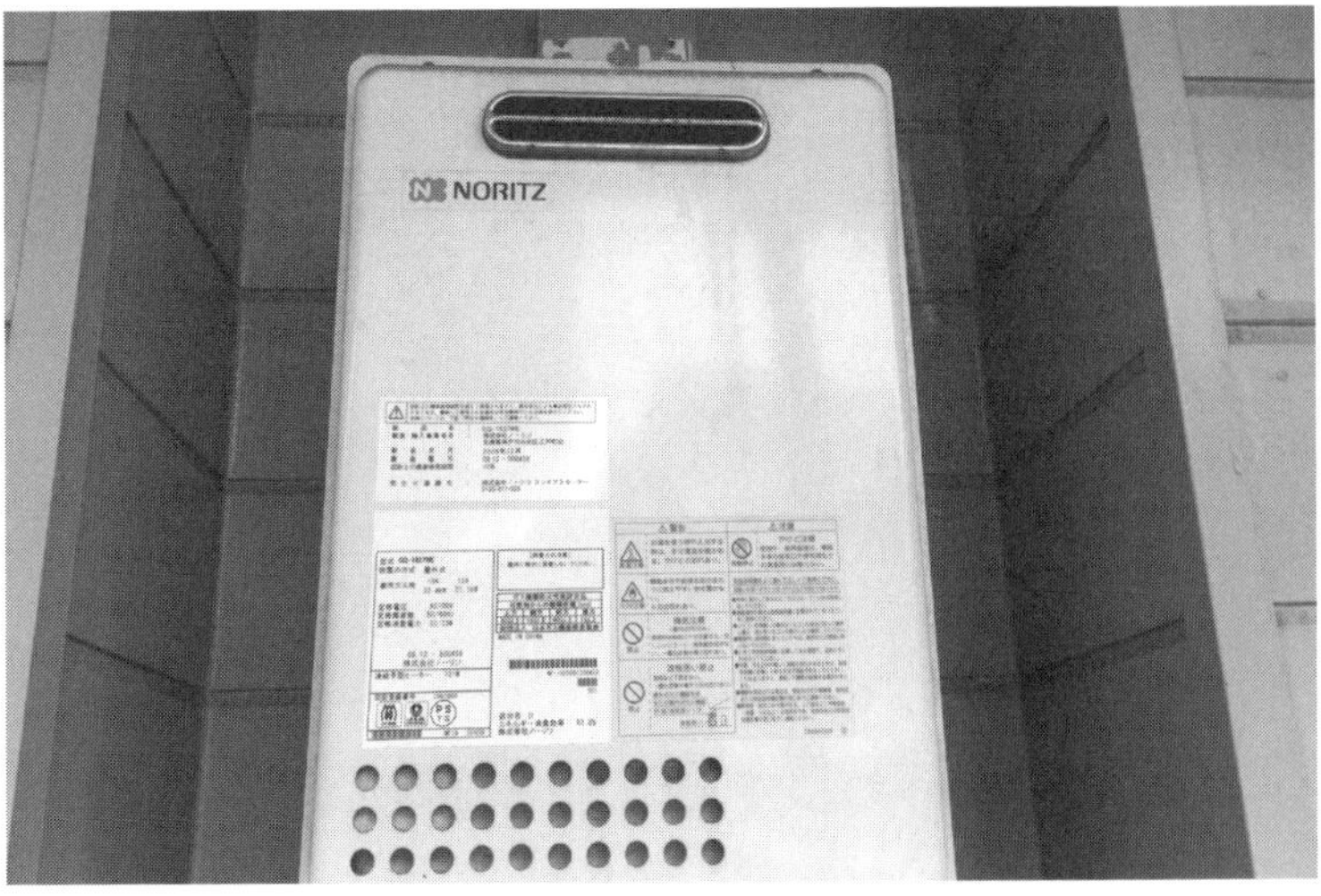

写真：壁掛け給湯器

バランス釜かどうかを見極めるにはどのようにしたらよいでしょうか。それは給排気筒を確認することです。ここで注意することは貫通型給湯器と間違えないようにすることです。バランス釜の給排気筒と貫通型給湯器を比較すると、給排気筒の方はスリット（開口）が多いことがわかります。これに対し貫通型給湯器はスリットが正面に1カ所となっています。

築30年以上の物件はバランス釜による給湯の可能性があります。バランス釜と知らずに購入してしまえば、給湯設備の修繕費が大きくなります。入居中の場合は外観からバランス釜の有無を確認しましょう。

> **●バランス釜は入居付けの観点から、壁掛け給湯器・壁貫通型給湯器へ変更すべき**
> ・交換工事費用　25万～30万円程度
> ・目視による給排気筒の確認により、バランス釜かどうか判断できる

■15～20年でユニットバス交換工事が必要

賃貸管理における内装工事で最も高額な工事はユニットバス交換工事です。ユニットバス交換工事の有無は、収益物件による資産運用の大きなポイントとなります。

ユニットバスの交換時期の目安は15年～20年といわれています。実際には、15年～20年で

写真：バランス釜の給湯器排気筒

写真：壁貫通型給湯器

ユニットバスを交換しているケースは非常に少ないです。なぜなら、ユニットバス交換工事費用があまりに高額だからです。大きさ・仕様によって異なりますが、おおよそ70万円〜という金額になります。そこで、**ユニットバスは可能な限り修繕していくことをお勧めします。**

修繕のポイントは次のとおりです。

【ユニットバス修繕のポイント】

・通常では考えられないひどい汚れ
↓特殊クリーニング
・パネルに隙間がある
↓パネルのシーリング処理
・パネルにアクセントをつけ高級感を出したい
↓水まわりに適した防カビフィルムを貼る
・パネルに膨れがある（パネルを固定する金物の錆びによる）
↓バスパネルなどを上貼りする（該当カ所の高さのみ）
・各器具の劣化
↓水栓、換気扇、照明の交換

・浴槽、浴室床のひび割れ
↓専門業者で補修
・ドアの腐食
↓アルミドアへ交換

ユニットバスとしての機能を十分に果たし、清潔感があれば、修繕を行い、使用し続けることをお勧めします。前述した修繕の中では、専門業者の補修費用が比較的高額になります。ひび割れ補修箇所が複数ある場合は、金額によっては交換工事を検討する必要性も出てきます。

ユニットバス交換工事は内装工事において、最も高額な工事となります。このリスクを排除するためにも、**既存のユニットバスの状況を購入前に確認することは、非常に重要なこと**といえます。

●ユニットバス交換工事は内装工事において、最も高額な工事

・交換工事費用　70万円程度

・交換工事は最後の手段として、可能な限り修繕していく

事前のユニットバス劣化状況の確認は必須

■配管経路を把握する

中古収益物件のわからないリスクに代表されるものの1つとして、配管の状況があげられます。共同住宅に主に使用されている配管は、給水管・給湯管・排水管の3つです。配管の交換時期はおおよそ20年といわれています。

しかし、共同住宅で全配管の交換工事を実施することは、非常に難しいのが現実です。当社で管理している物件でも、予防保全のため、配管の全交換工事を実施した物件はありません。しかし、**築古の建物には配管の劣化に伴う漏水リスクは必ずついてきます。このリスクとどう上手く付き合っていくかが重要です。**

収益物件はオーナーチェンジを繰り返しているケースが多いため、給排水図面が手元にな

いことが多いです。また、給排水図面があってもそれ通りに施工されていないというようなケースもあります。配管の劣化に伴う漏水リスクと付き合ううえで、まずは配管の経路を把握することが最低限必要となります。

配管ルートの把握ができたら次に、配管ルートが合理的かどうかをチェックします。ここでいう合理的な配管ルートとは、配管が最短で引かれていて、配管の曲がった箇所が少ないルートのことを表します。

各階ごとに間取りが違ってしまえば、縦に通るはずの配管が曲がってしまい、漏水のリスクが高まり、修繕もしにくくなります。また、ベランダに洗濯機や給湯器が設置されていれば、給水管が長く延びているため、漏水のリスクは高くなります。

古い建物は配管が露出されているものもあります。露出配管は多少見栄えが悪く感じるかもしれません。しかし、漏水を即発見でき、修繕がしやすいという利点があります。

一方でコンクリートの中に配管が埋まっているような隠蔽配管は、漏水箇所の特定をするのに数日かかる、もしくは修繕工事が大規模になってしまうなどのリスクを抱えています。

露出配管の建物は、スペックが低いと考えるのではなく、メンテナンス性に配慮された収益性の高い建物といえます。築古の建物に漏水リスクはつきものです。階下漏水のリスクを受け入れ、いかに修繕がしやすい建物であるかを見極めることが大切です。

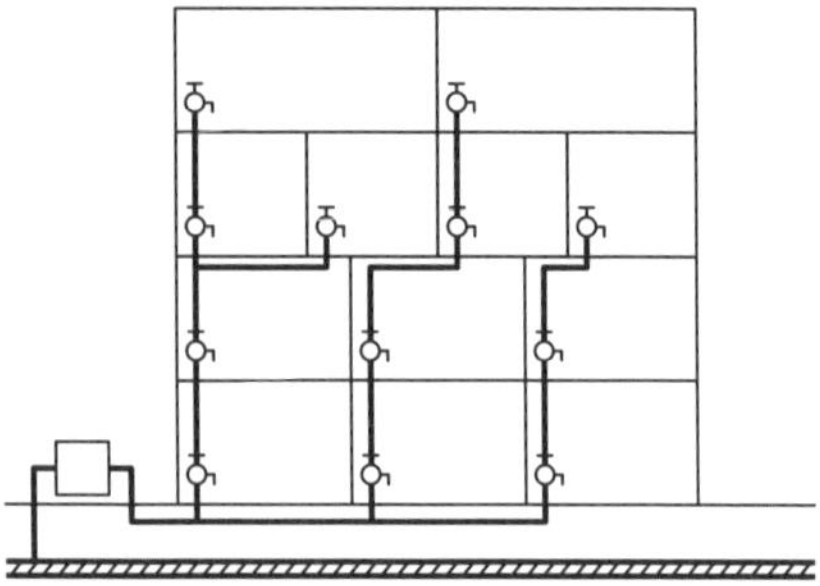

図：合理的でない配管ルート

●配管の交換時期はおおよそ20年
・共同住宅の配管全交換工事は難しい
・築古の共同住宅は、いかに配管修繕がしやすい建物であるかが重要

■屋外排水管の劣化

収益物件の管理をしていく中で、排水管の詰まりは発生頻度の高いトラブルの1つです。建物には給水管・給湯管・排水管という3つの配管が敷設されています。給水管・給湯管は圧力により供給されるのに対し、排水管は自然勾配で排出されています。排水管の口径によっても異なりますが、おおよそ2／100の勾配が必要になります。

築年数の古い共同住宅では、排水管の詰まりが多く発生しています。詰まりの理由として、次が原因として考えられます。

【排水管の詰まりの原因】
・排水管の勾配不足
・排水管の段差
・排水管の破損
・油脂類の付着
・雑物、異物の停滞
・錆の付着

油脂類の付着・雑物、異物の停滞・錆の付着に関しては高圧洗浄で詰まりの解消ができます。高圧洗浄とは、高圧洗浄機または高圧洗浄車からホースで導水し、ホースの先端に取り付けられたノズルから噴射する高速噴流により、管内付着・堆積物などを除去します。

ここで、是正に高額な費用を要するのは、排水管の勾配不足・排水管の段差・排水管の破損です。これらの原因による詰まりを解消させるためには、排水管の入れ替え工事が必要になります。

排水管の勾配不足・排水管の段差・排水管の破損が起きる主な原因は、土中の水分含有量の一時的な増加と、建物や土間に加えられる外力（地震、強風、駐車する車の重量）などによって地中が動くことです。

築年数の古い建物は排水管の詰まりというリスクを常に抱えています。当社の管理実績から築古の建物は排水詰まりが非常に多いことが明らかになっています。

物件規模が大きくなれば、配管交換工事のボリュームも比例して大きくなります。敷地状況にもよりますが、配管交換工事に300万円程度の費用が発生したケースもあります。

このような排水管の交換工事というリスクを回避するためにはどのようにしたらよいでしょうか。配管は埋設されているため、事前の調査で詰まりのリスクを完全に把握することは難しいといえます。

そこで判断のポイントとなるのが、汚水桝になります。汚水桝とは、排水管の合流部・曲がり部・勾配が変わる地点に設置されるものです。汚水桝の材質はコンクリート製や塩ビ製のものがほとんどです。また、上部には蓋がついているため、蓋を外すことで、配管内を確認することができ、点検口としての役割も担っています。

通常は汚水桝の上部の蓋と地面は段差なく仕上げられています。建物や土間に加えられる外力などによって地中が動けば、蓋と桝に段差が生じます。

このような段差が発生していれば、配管や汚水桝が沈みによって、排水管の勾配不足・排水管の段差・排水管の破損を引き起こしている可能性が高いことが予想されます。汚水桝の上部の蓋の状況を確認することで、詰まりリスクをある程度予測することができます。

配管経路も重要です。合理的なルートで配管されていれば配管が短くなり、詰まりのリスクは小さくなります。汚水桝の配置を確認すれば、合流・曲がりなどの箇所を把握することができるため、配管ルートを推測することができます。

また、このような事象が起こった際の是正工事のしやすさもポイントになります。周囲がコンクリートやアスファルトで仕上げられていれば、管の入れ替えで解体工事となり費用も高額になりますが、これが土や砂利なら解体費用もある程度は抑えることができます。

築年数が古い物件は配管の詰まるリスクが高いです。配管経路は合理的か、汚水桝付近が沈下していないかを現地確認することが大切です。仮に、配管詰まりのリスクが高いようであれば、是正工事がしやすいかがポイントになってきます。**中古収益物件の不安要素の１つである「排水管詰まりのリスクヘッジ」のため、屋外排水管の調査は必須です。**

> 排水管の勾配不足・排水管の段差・排水管の破損は
> 是正工事に多額の費用がかかる
> 排水管交換工事に２００万円以上かかる場合もある

写真：汚水桝の沈下

●屋外排水管のチェックポイント
・配管が合理的なルートで敷設されているか
・汚水桝が沈下しているような物件は注意

■公共汚水桝設置済の浄化槽物件

公共汚水桝設置済の物件は、思わぬ修繕費用が発生してしまうケースもあります。公共汚水桝は生活排水管を1カ所に集め、下水道本管に流し込むために必要な桝です。行政による下水道整備工事が完了すると、この桝が敷地内に設置されます。

公共汚水桝が設置されると、これまでの浄化槽による汚水処理から、本下水へ切り替えが可能になります。本下水に切り替えることのメリットは次のとおりです。

・接続工事により、既存の浄化槽を廃止するため、浄化槽の保守点検・清掃・電気代などの管理費用が不要となる。

・単独処理浄化槽の場合、雑排水は未処理のまま放流されていたため、公共下水道への切り替えにより、水路の衛生環境が改善する。

・公共下水道を広く普及させることで、行政の下水道料金収入を増やすことができる。

公共下水道が整備されれば、利便性・快適性が向上し、資産価値が高まります。このような理由により、公共汚水桝を設置するときは受益者負担金を納めることが義務となっています。

受益者負担金制度の具体的な内容については、各自治体の条例において定められています。平均受益者負担金額が約４３０円／㎡となっていますから、３００㎡の敷地であれば約12万円の負担金となります。

この受益者負担金を納めれば、すぐに下水道を使用できるわけではありません。建物の配管と公共汚水桝の接続工事や、既存浄化槽の撤去工事が必要になります。この工事は所有者負担となります。

また、下水道法には次のような規定が定められています。

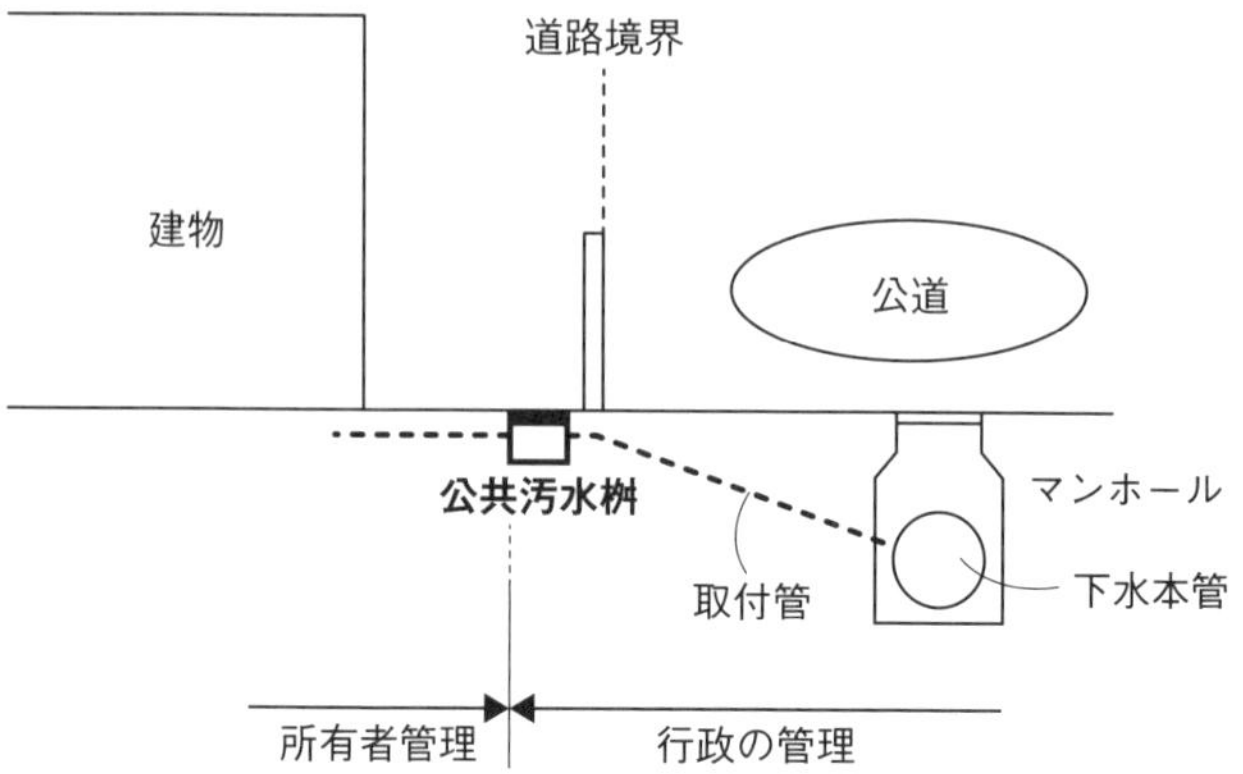

図：公共汚水桝

【下水道法】（排水設備の設置等）
第10条　公共下水道の供用が開始された場合においては、当該公共下水道の排水区域内の土地の所有者、使用者又は占有者は、遅滞なく、次の区分に従って、その土地の下水を公共下水道に流入させるために必要な排水管、排水渠その他の排水施設（以下「排水設備」という。）を設置しなければならない。

この法令により、公共汚水桝が設置された建物は受益者負担金を納め、一定期間内に接続工事・浄化槽撤去工事を実施しなければなりません。下水道に切り替えることには大きなメリットがある一方、使用前に大きな費用負担が必要になります。浄化槽の埋設位置にもよりますが、300万円程度の費用がかかってしまうこともあります。

購入を予定している物件が、公共汚水桝が設置されているにも関わらず、浄化槽を使用し続けていれば注意が必要です。このような場合は行政より通知書で、本下水への切り替えを促されます。当社のような管理会社にも、行政から本下水への切り替え通知書がきています。収支計画にズレを生じさせないよう、公共汚水桝設置済で切り替え工事が未完了であれば、切り替え工事を実施する費用を想定のうえ、購入することをお勧めします。

> **●下水道整備工事が完了→公共汚水桝が敷地内に設置**
> ・受益者負担金を納め、下水道への切り替え工事を実施することが努力義務となる
> ・これらの費用に300万円以上かかることもある

■買ってはいけない「擁壁」物件

買ってはいけない収益物件の見極めのポイントとして、「擁壁」があげられます。擁壁とは、法面や崖などの崩壊を防ぐための土留めとして、コンクリートブロックや石を使った壁状の構造物です。簡単にいえば、高低差のある地面に設けられる壁のことです。

収益物件を購入するうえで、擁壁がある場合は注意が必要です。なぜなら**擁壁トラブルによる是正工事は非常に高額となるからです。**そもそも擁壁には許可や申請が必要なものがあります。以下がその3つです。

【許可や申請が必要な擁壁】

・都市計画法による開発許可

切り土や盛り土によって土地の「形」の変更を行うなど、一定規模以上の開発を行うためには許可が必要です。

・宅地造成等規制法による許可

宅地造成工事規制区域において、宅地造成に伴う切り土で2mを超えるものや、盛り土で1mを超えるもの、切土と盛土を同時に行う場合に1mを超えるものなどは許可が必要です。

・建築基準法による工作物の確認申請

2mを超える高さの擁壁を築造する場合、確認申請が必要です。

これらのいずれかにあてはまり、許可・申請後に検査されているものであれば、擁壁の安全性が担保されている可能性は高いです。行政の担当窓口（開発指導課・建築指導課など）で許可や申請が出ているか確認することができます。まずは、法律で必要とされる手続きが行われているかの確認が大切です。

次に、目視で簡単にできる擁壁の安全性の確認方法をご説明します。

【擁壁の確認方法】

・表面の状態を確認する

ひび・はらみ・傾き・ズレなどないか

・擁壁の構造・材質を確認する

○：鉄筋コンクリート造擁壁・間知ブロック積擁壁・型枠ブロック造擁壁

×：玉石積み擁壁・大谷石擁壁・コンクリートブロック造擁壁

・水抜き穴を確認する

壁面の面積3㎡につき1カ所以上で内径7・5㎝以上の水抜き穴が必要

・外見を確認する

二段擁壁はNG

擁壁は適切につくられていないと、地震や豪雨で崩れる可能性が高まり、人命や財産に影響を及ぼしかねません。再建築の際に、擁壁の安全性が担保されないため、擁壁が崩れることを想定した建物の設計により建築計画に大きな影響が出る、あるいは擁壁のつくり替えで数百万円の工事が発生する場合もあります。

このように擁壁の是正には莫大な費用が発生します。**擁壁に懸念のある物件であれば、是正費用分を逆算して購入すべきです。**不動産という巨額の投資を行うにあたり、擁壁の確認は非常に重要なことといえます。

●擁壁の是正には多額の工事費用がかかる→是正工事分を考慮して購入すべき
大谷石擁壁・玉石積み擁壁・コンクリートブロック造擁壁・二段擁壁となっている物件は購入しない。

■影響が甚大な鳩被害

購入を検討している物件に鳩被害があれば注意が必要です。共同住宅では多くの人が生活しています。そこから出る大量のゴミは鳩の餌となります。また、共同住宅は階高が高いため、野生動物が登ってくることもありません。このような理由から、多くの人が生活する共同住宅は、鳩にとって絶好の住処といえます。

鳩被害にあっている共同住宅には、鳩よけネットや剣山が設置されています。このような建物を実際に目にしたことがあるのではないでしょうか。

鳩が侵入した建物は、糞害や悪臭により快適な住環境が大きく損なわれてしまいます。また、鳩よけネットを設置することは、本来であれば開放的な空間となるはずのベランダが閉鎖的な空間となり、入居者にとっての利便性を下げてしまいます。

写真：鉄筋コンクリート造擁壁

写真：大谷石擁壁

写真：水抜き穴

写真：二段擁壁

特に糞害は大きな問題です。鳩は生活リズムが一定であり、同じ場所に糞をするといわれています。糞が蓄積されていくことで建物の美観を損ねてしまいます。また、糞が落ちているために車の駐車や、洗濯物を干すこともできず、そのスペースを有効に活用できなくなります。もとより、糞に含まれている菌が健康面に影響を及ぼす危険性があります。加えて、鳩の糞は酸性のため建物の劣化を早めます。

その他、鳴き声による騒音問題も被害としてあげられます。このようにベランダに住みつかれることは、入居者に大きな不快と苦痛を与えてしまうのです。一方で、鳩の捕獲・殺害行為は「鳥獣保護法」のもとで禁止されており、対策法としては鳩を来なくさせる手法しかありません。しかし、鳩は同じ場所に住みつこうとします。いくら追い払っても帰巣本能が強く、一旦その場所を決めるとなかなか離れません。

当社でも鳩被害に遭っている物件を購入したことがあり、建物全体が悲惨な状況であったことを今でも覚えています。共用部には無数の糞と抜けた羽が飛散し、悪臭もひどく、とても快適な住環境というにはほど遠いものでした。住環境の質の向上、物件の入居率を高めるには問題の解決が必須です。

この物件では、鳩よけネットを設置しない駆除対策をとりました。安全かつ鳩の嫌がる成分が含まれた薬剤による駆除方法により、ベランダの利便性を損なうことなく駆除できまし

写真：鳩よけネット

た。鉄筋コンクリート4階建ての建物でしたが、駆除対策に要した費用は250万円程度です。この駆除対策から約1年が経過しますが、鳩は帰巣することもなく、現在も衛生的な環境を保つことができています。

鳩被害を甘く見てはいけません。鳩が羽休めの場所として認識している程度であれば、早期に対策をすることで莫大な費用をかけずに解消できます。しかし、放置してしまえば、被害レベルは刻々と広がるばかりです。**入居者に快適な住環境を提供するために、鳩被害は必ず解決しなければならない問題です。**被害が甚大であれば、駆除に多くの時間と費用を要します。鳩被害により収益性を大きく落としてしまう可能性があるため、現地確認による被害の有無や状況の確認は重要なことといえます。

●鳩被害による影響
・鳩よけネットなどの設置により、ベランダが閉鎖的となる
・糞害、悪臭
・鳴き声による騒音
鳩は帰巣本能が強く、なかなか離れない。駆除対策費用に多額の費用がかかることもある

■笠木からの雨漏り

収益物件を選定するうえで、雨漏りの発生場所の把握が大切です。**特に笠木からの雨漏りは高リスクといえます**。笠木とは、手すりなどの頂部に設置されている仕上げ部材をいいます。材質はアルミ・スチール・モルタルなどがありますが、近年ではほとんどがアルミ製になっています。

笠木は共用廊下・階段・ベランダなどの腰壁部に使用されています。この笠木に隙間が生じると、非常に危険な状況になります。ここから大量の雨水が浸入して下地が腐食し、外壁の崩落につながりやすいからです。

共用廊下の腰壁部に大きなクラックが多数見受けられ、崩落寸前という事例があります。モルタル製の笠木に大きなクラックが発生していたにも関わらず、それを放置したため、下

地の鉄骨が錆びて腐食してしまい、外壁の重みに耐え切れずクラックが多数発生したのです。

また、共用廊下の真下の仕上げ材が落下する事例もありました。これは笠木が設置されていない物件で起こっています。笠木がないため、腰壁の小さな隙間から雨水が入り込み、軒を支える鉄骨の下地が腐食しました。また、仕上げ材自体も雨水を含み、重量を増したことが落下原因として考えられます。

もしも落下物が入居者にあたり怪我をさせてしまえば、所有者責任を問われることになります。それに際しては次のチェックにより、リスクを排除できます。

・笠木の有無を確認する

・笠木の天端（上面）の隙間の有無を確認する

近年ではアルミ製の笠木が広く使用されています。金属性の笠木には運搬の関係上、必ずつなぎ目ができ、4m程度で1カ所のジョイント処理が必要になります。古い共同住宅はジョイントカバーではなく、つなぎ目をシーリングで処理しているものが多く見られます。そのため、シーリングが切れて隙間ができていないかの確認が重要になってきます。

・笠木をゆすった際に、大きなぐらつきがないか

雨水が入り込み下地が腐食し、強度が低下することで腰壁がぐらつきやすくなります。

・直下の仕上げ材に雨染みなどがないか

これらに複数該当するようであれば、下地の腐食による腰壁崩落の疑いがあります。

笠木は共用廊下・階段・ベランダに多く設置されています。崩落の可能性が一部であれば、是正工事実施を前提に購入をお勧めしますが、広範囲において劣化が見受けられたら購入を見送るべきです。この是正工事はコストが高額になり、手順は次のようになります。

【笠木からの雨漏の是正工事手順】

・足場組立
・腰壁の解体
・腰壁の下地作成
・腰壁の仕上げ工事（外壁・笠木・軒）
・足場解体

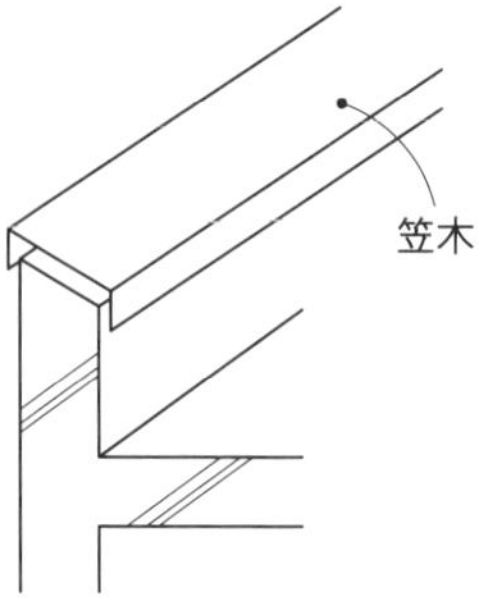

図：笠木

2階建て10戸の1Kのような共同住宅でも、腰壁は少なくとも20m程度となり、400万円程度の費用が発生します。

笠木からの雨漏りは被害が広範囲に及びます。躯体に大きな損傷を与えている可能性が高いため、雨漏りの有無だけではなく原因を知ることが大切です。安心できる不動産投資をするためにも、笠木から雨漏りがしているようであれば、躯体の劣化状況を確認して早期に是正すべきです。

●笠木からの雨漏りは危険→腰壁・軒の崩落の可能性

笠木のぐらつき、築直下の仕上げ材の雨染みは危険㊅

■太陽光パネル設置済の屋上は高リスク

太陽光パネルが設置されている収益物件は、雨漏り時の改修費用が大きくなるため注意が必要です。太陽光パネルを導入する際に、ほとんどの方は発電量予測に目がいきがちです。中古収益物件において太陽光パネルを導入する際に、最初に検討すべきことは、その設置面の屋根や屋上の防水状況です。次のような、**防水性が担保されていない危険な屋根への太陽光パネル設置は、非常に高リスクとなります。**

・トップコート仕上げのみで改修された屋上防水

防水工事のトップコートとは、「防水層を守るために塗装をする工事」を指します。防水層とは、雨水の浸入を防ぐためにつくられた層で、この防水層を形成するのが防水工事です。直接外気に触れる防水層は、紫外線や風雨の影響によりダメージを受けます。これにより、防水層の防水機能が失われていきますが、防水層に「トップコート」を塗ることで、防水層を保護し、長期使用につなげていきます。トップコートは保護をする役割があり、防水性能はありません。

屋上防水工事の費用を抑えるために、トップコート塗装のみで済ませている屋上は危険です。既に劣化している防水層の上からトップコート塗装をしたところで、本来の目的を果たしていないため、防水性能が全く期待できません。

当社が管理をしている物件において、このような工事実施後に、太陽光パネルを設置した物件で雨漏りが発生した事例があります。

ここで大きな負担となるのは、雨漏り修繕前に、太陽光パネルを移動させなければならないことです。太陽光パネルは屋上全体に設置されるため、一旦は地上へ仮置きする必要があります。仮置き後、防水是正工事を行い、再度パネルを設置するという非常に手間のかかる工程となります。

・築年数の古い折板屋根

築古物件の折板屋根に太陽光パネルを設置することも非常に危険です。当社の約1万3000戸の管理実績によると、**築古物件の折板屋根の雨漏り率が高いことが顕著にあらわれています**。この雨漏りの原因は、折板屋根のボルトの錆が屋根全体に広がることにより腐食してしまうことです。

築年数の古い折板屋根と太陽光パネルは、トップコート仕上げのみで改修された屋上防水と同様で、雨漏り修繕時に大きな負担を強いられることとなります。

また、**折板屋根の雨漏りは、責任の所在を明らかにしにくいというデメリットもあります**。もともと防水機能が劣化していたのか、それとも太陽光パネル設置の施工時のミスによるものなのか判断に迷うケースが出てきます。

写真：折板屋根

当社の管理物件においても同様の事例がありました。折板屋根の塗装を行った業者と、太陽光パネルを設置した業者の双方が、自社の雨漏り責任を否定するため、原因特定に時間がかかり、修繕工事が停滞しています。現在は原因を特定させるため、両者立会いのもとでの散水試験を予定しています。

購入予定の物件に太陽光パネルが設置されている場合、防水状況確認は必須といえます。屋上からの雨漏りによる太陽光パネルの移動・復旧費に100万円程度かかることもあります。屋上（屋根）面積が大きいほど、雨漏り発生時のこの余分な改修費用はさらに大きくなります。地上などにパネルの仮置きスペースがなければ、さらに慎重にならざるを得ません。

太陽光パネルの寿命は10～20年といわれていま

す。屋上防水はメーカー保証があれば、10年保証がついていることがほとんどです。太陽光パネルの寿命に対し、防水機能がどれくらいの期間担保されているかが見極めのポイントになります。防水状況が不透明で太陽光パネルが設置されている物件は、この余分な修繕費を見越して購入を検討することが必要です。

●防水性が担保されていない屋根への太陽光パネル設置は危険

・トップコート仕上げのみで改修された屋上防水
・築年数の古い折板屋根

雨漏り改修時の太陽光パネル移動・復旧費に多額の費用がかかることもある

■外壁タイルはメンテナンスフリーではない⁉

外壁タイルの物件において、思わぬ莫大な大規模修繕費が発生するケースもあります。建物の外壁には様々な素材が使用されます。築年数の古い共同住宅に使用されている外壁材として、次のようなものがあります。

【外壁材の種類】

・サイディング

・ＡＬＣ
・モルタル
・タイル
・ＲＣ（コンクリート打ちっぱなし）

木造の共同住宅においては、ほとんどがサイディング・モルタルで仕上げられています。鉄骨造であれば、ＡＬＣ下地に吹き付けタイル仕上げが多く見られます。吹き付けタイルとは、表面が凸凹になるよう、異なる種類の塗料を3層にして吹き付ける複層仕上げになります。鉄筋コンクリート造は、躯体のコンクリートに吹き付けタイル仕上げ・外壁タイル貼り仕上げが多いです。

外壁材に関して、「メンテナンスフリー」という謳い文句を見かけることがあると思います。そのメンテナンスフリーの代表として、外壁タイルがよく取り上げられています。タイルは材質が無機質で劣化しない材料です。無機質とは天然資源からつくられた材料であり、鉱物や金属、ガラスなどがあります。これらの素材自体は全く劣化せず、形として永久的に残る材料です。外的要因に影響されないため、タイルという素材自体がメンテナンスフリーとなります。

それでは、外壁タイルを採用した建物の外壁は、メンテナンスフリーとなるのでしょうか。**タイル自体はメンテナンスフリーとなりますが、タイル以外の下地・接着剤・目地などが無機質でないため、その部分はメンテナンスが必要になります。**

外壁タイルに必要なメンテナンスは主に次の3つとなります。

【外壁タイルに必要なメンテナンス】

・タイル接着不良による補修
・伸縮目地のシーリングの打ち替え
・タイル目地の剥がれ・クラックによる補修

タイルが剥がれ、落下している建物を見かけることがあると思います。その原因として、次のようなことが推測されます。

・**経年劣化**

外壁は風雨や直射日光にさらされます。タイルは外的要因に影響されないといわれていますが、それはあくまでタイル自体です。下地のコンクリートは気温が高くなれば膨張し、低くなれば収縮します。この膨張と収縮の差によりタイルとの接着剤が劣化します。それによりタイルが剥離してしまうのです。

・たたき不足

タイルを接着する際はただ貼るのではなく、強く押し込んでタイルを下地に圧着させます。この作業を「たたき」といいます。このたたき不足により、外壁タイルが剥離しやすくなります。

・モルタル材の不良

質の悪いモルタルで接着されたタイルは剥離しやすくなります。モルタルはセメントと砂に水を混ぜてつくられます。調合のバランスが悪い・セメントや砂の質が悪いなどの理由により、耐久性の低いモルタルができあがってしまいます。

・職人の技術不足

職人の腕がよければ外壁タイルは剥離しにくくなります。しかし腕が悪ければ下地の清掃不足により、ゴミが下地についている・接着剤が均等にタイルに付いていないなどの理由により、剥がれやすくなってしまいます。

建物へ地震など外からの力が加わったり、温湿度によってコンクリートや下地モルタルに伸縮が起こると、躯体・モルタル・タイルは、それぞれ異なる動きをします。この動きによって、タイル表面に応力が生じ、タイルの割れや剥がれにつながります。

これを防止するためには「伸縮目地」といって、あらかじめ躯体に切り込みを入れて目地を入れておきます。伸縮目地によって、タイル表面に生じる応力を目地部分で吸収させることができます。外壁タイルには、伸縮目地にシーリング材を充填している場合があります。充填されたシーリングは有機材のため、紫外線にさらされることで劣化してしまうため、10～15年の周期でシーリングの打ち替えが必要になります。

タイルとタイルの隙間には目地材が充填されます。目地は温度変動などにより、ひび割れや摩耗が進んで剥がれてしまうこともあります。この目地の劣化でタイル自体が剥がれてしまうこともありますし、また、雨漏りの原因にもなりかねます。目地の欠け・剥がれなどが見受けられれば、すぐに補修をすることが大切です。

このように外壁タイル自体は劣化しないため、改修工事の頻度は低いのですが、前述のようなメンテナンスは必要になります。改修時期を迎えた外壁タイルの大規模改修工事は、その他の外壁材の大規模改修工事と比較すれば、1回あたりの費用が大きくなるケースもあります。高額な工事費用になってしまう要因は、「接着不良によるタイルの貼り替え工事」・「広範囲に及ぶタイル目地破損によるタイル防水工事」の2つです。

「接着不良によるタイルの貼り替え工事」とは、タイルに浮きや剥がれが見受けられた場合に検討します。工程は次のようになります。

【接着不良によるタイルの貼り替え工事】

① テストハンマーで打診し、浮きの状態と範囲を調べてマーキングする
② 貼り替え部と健全部の縁切りのため、貼り替え部周辺の目地部からカッターで切断する
③ 貼り替え部のタイル・モルタルを除去し清掃する
④ タイルに接着剤を塗布し、貼り付ける
⑤ 目地材を充填する
⑥ タイルに付着した汚れを除去する

「広範囲に及ぶタイル目地破損によるタイル防水工事」とは、タイル面に防水性の優れた透明塗料を塗布し、防水性を高める工事です。目地破損が広範囲に及んでいる場合、目地材の

写真：伸縮目地、タイル目地

補修に加え、このような防水工事が必要になることもあります。防水性に優れた透明塗膜なので美観を損ねることなく、外壁からの雨水浸入を防ぐことができます。

「伸縮目地のシーリングの打ち替え工事」に、この2つの工事が加わるかどうかで大きく費用が変わってくるのです。同規模の鉄筋コンクリート造で、吹き付けタイル仕上げ・外壁タイル貼り仕上げの大規模改修工事費用を、過去の実績で比較したことがあります。もちろん劣化具合にもよりますが、上記2つの工事が加わることで、外壁タイル貼り仕上げの大規模改修工事費用が、約1・5倍も高額になっています。

●**外壁タイルは完全メンテナンスフリーではない**
外壁タイルのメンテナンス
・タイル接着不良による補修
・伸縮目地のシーリングの打ち替え
・タイル目地の剥がれ、クラックによる補修

■大規模改修工事で巨額な費用が発生するリスクを回避するためには

規模の大きい鉄筋コンクリート造の共同住宅は、外壁タイル仕上げの建物が多く存在しています。大規模改修工事時に巨額な費用が発生してしまうリスクを回避するためには、どのような点に注意したら良いでしょうか。

1点目は、**タイルの貼り替え工事が発生しないかどうか**です。目視でタイルの浮き・剥がれ・ひび割れの有無を確認します。広範囲にこのような事象が見受けられたら、貼り替え工事による大きな費用が発生する可能性があります。

2点目は、**伸縮目地の状況を確認する**ことです。伸縮目地はシーリングで処理されているため、10～15年で打ち替え工事が必要になります。どの程度まで硬化しているのか、実際に触ってみることをお勧めします。

特に、伸縮目地のない建物は注意してください。伸縮目地は、おおよそ面積が10㎡以内となるよう壁面に設けられています。共同住宅の階高は約3mですので、一般的に3m間隔で入っています。その伸縮目地が入っていないことでタイルの剥離につながります。下地のコンクリートの動きにタイルが追従できず、タイル剥離が起きてしまうのです。

これが部分的に伸縮目地を入れ忘れているレベルであれば、比較的容易に補修が可能です。しかし、建物全体に誤った施工がなされていると、補修は困難になり高額な費用を要することになります。

当社で買取をした案件で、この伸縮目地の入っていない物件があります。この物件は平成20年に建てられた築10年の新しい建物です。鉄骨造の地上7階建て、延床面積2700㎡の大型物件です。伸縮目地が1本も入っていない、通常では考えられない施工のため、広範囲にわたりタイルが剥落しています。

この物件は大型ショッピングセンターに隣接した建物でした。そのため人通りも多く、落下したタイルが歩行者に被害を及ぼす可能性の高い、非常に危険な状況でした。もしも通行人にタイルがあたってしまえば、所有者として大きな責任を問われます。

この建物を設計・施工をしているのは、比較的大きなゼネコンです。おそらく施主の意匠への強いこだわりから、このような建物ができてしまったと推測されます。

この建物を是正するためタイルを全撤去し、石調のシートにて仕上げ工事を行いました。改修工事にかかった費用は1億円程度です。伸縮目地のない建物は、高額な工事費用がかかることを承知のうえ、購入すべきです。

3点目は、タイル目地の状況確認です。タイル目地の劣化部から雨水が浸入してしまう可能性があります。広範囲に劣化が見受けられれば、タイル全面に防水材を塗布する必要があり、これにより工事費用が大きくなります。このようなことにより、**目地の欠け・剥がれ・ひび割れの有無を確認することは非常に大切です。**

外壁タイルは大規模改修頻度が低く、本来であれば改修工事費用も小額で済むはずです。しかし、その建物の状況や時期によっては通常の1・5倍の大規模改修工事費用が発生してしまうこともあります。

収益物件として保有している間に、巨額な大規模改修工事を実施することになれば、収支計画に大きなズレが生じます。外壁タイル物件はこの3点を参考にし、リスク回避につなげることをお勧めします。

●外壁タイルのチェックポイント

・タイルの浮き・剥がれ・ひび割れがないか
・伸縮目地が硬化していないか
・タイル目地の欠け・剥がれ・ひび割れがないか

外壁タイルは、建物の状況・時期により通常の1・5倍の大規模改修工事費用が発生する可能性がある

■メンテナンスがしにくい断熱ブロックの屋上

将来的なメンテナンスのしやすさに、配慮が欠けた建物は世の中に多く存在します。投資を目的とする共同住宅は、特にメンテナンス性が強く求められます。その配慮に欠ける建物の一例として、「断熱ブロックの屋上」があります。断熱ブロックとは、断熱材と特殊モルタルが合わさったブロックです。これを使用することで、コンクリート躯体の外側に断熱材を施す「外断熱工法」と呼ばれるものになります。

外断熱工法の大きなメリットは結露の発生を抑えられることです。外断熱であれば断熱材が外にあるため、壁の温度と室内の温度の差が小さく、冬でも結露しにくくなります。そのため、外断熱工法でつくられた建物は長持ちするというのもメリットとなります。

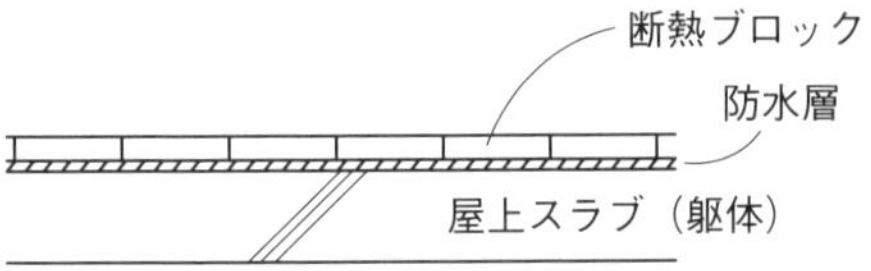

図：断熱ブロック屋上の断面

上図のように、躯体コンクリートの上に防水層があり、さらにその上は断熱ブロックが設置されています。防水層が紫外線にさらされないため、防水の長寿命化に配慮されています。

「外断熱工法のため、断熱性能が高い」「建物が長持ちする」「防水層の寿命が長い」という3点が大きなメリットです。断熱ブロックにより防水層は保護されていますが、それでも防水層は劣化します。断熱ブロック直下の防水層が劣化し、雨漏りを引き起こすと改修工事に莫大な費用がかかるケースがあります。

当社の管理物件において、断熱ブロックの屋上で雨漏りが発生した事例があります。この物件は築年数が22年、屋上の面積が約３００㎡の鉄筋コンクリート造です。最上階の天井より雨漏りが見受けられました。

調査した結果、原因は防水層の経年劣化によるものでした。対策方法としては、再度防水層をつくり直す工事が必要となりました。この防水工事ですが、通常の工法よりも多くの手間を要します。断熱ブロックを一旦取り外す必要があるからです。

断熱ブロックは屋上全面に敷き詰められているため、仮置き場を確保

写真：断熱ブロックの屋上

して、地上に一旦運ぶ可能性もあります。一時的に撤去した後で防水工事を実施するのです。この場合、ウレタン塗膜防水工事を採用することがほとんどです。工事完了後に、再び断熱ブロックを敷き詰める作業を行います。

断熱ブロック撤去・仮置き→防水工事→断熱ブロック復旧という工程となり、非常に高額な改修工事費用となりました。この規模の防水工事であれば、通常は６００万円程度の費用になります。この方法は最終的な工事費用は約１１００万円という莫大な金額となりました。

前述の通り断熱ブロックの屋上は、「外断熱工法のため、断熱性能が高い」「建物が長持ちする」「防水層の寿命が長い」というメリットがある一方で、膨大なメンテナンス費用が発生します。

ここで注意が必要なのは、誤った改修方法を提案されることです。この例の1つとして、断熱ブロックを撤去せずに、上からウレタン塗膜防水をかける工事を提案されてしまったケースがあります。断熱ブロックの撤去・復旧を行わないため、工事費用を大幅に下げられますが、断熱ブロックの地震等による動きが懸念されます。防水層の下地材が動いてしまえば防水層は割れてしまいます。防水層が割れるとそこから雨水が浸入し、防水機能としての役目を果たしません。このようにいい加減な施工は絶対に避けなければなりません。

その他にも、断熱ブロックを撤去する提案も受けることが予想されます。これにより防水性・メンテナンス性は担保されますが、無断熱となり、最上階の住環境に大きな影響を及ぼします。このような工事にも注意が必要です。

購入予定物件の屋上が、どのような仕上がりになっているかを確認することはとても重要です。それには実際に目で見て確認することが最も確実です。屋上への出入口が、ルーフハッチと呼ばれる点検口からであれば、上り下りが危険なため、アプローチすることが難しくなります。

また、屋上へ上がるドアが施錠されていて、確認ができないケースも想定されます。このような場合、目視ほど確実ではありませんが、グーグルアースなどの画像で屋上の様子を確認できます。もし断熱ブロックが設置されているようであれば、「改修工事を過去に実施したか」「いつ実施したか」「どのような工法で改修したか」を売主や管理会社へ確認することが大切です。

改修時期を迎えた断熱ブロックの屋上は、莫大な改修費用がかかってしまい、収支計画に大きな影響が出ます。**中古収益物件を購入するにあたり、屋上の状況確認は、このようなリスクを克服していくためにも必須であるといえます。**

> **●断熱ブロックの注意点**
> ・断熱ブロックの屋上からの雨漏りは、改修工事に莫大な費用がかかる
> ・断熱ブロックが設置されていれば、「改修工事を過去に実施したか」・「いつ実施したか」・「どのような工法で改修したか」を確認することが重要

■低層アパートの屋根

外部の改修工事において、比較的高額な工事となるのが、屋根の葺き替え工事です。低層アパートの屋根材は、コロニアル・瓦・亜鉛メッキ鋼板（トタン屋根）・ガルバリウム鋼板などの仕上げ材が使用されているものがほとんどです。これらの仕上げ材は定期的なメンテナンスで長く使用することができます。コロニアル・亜鉛メッキ鋼板は改修サイクルが短く、10年に1回の塗り替え工事が必要になります。

また、屋根の形状は寄棟・切妻・片流れの大きく3つに分けられ、築年数の古い建物になると寄棟・切妻屋根がほとんどです。

定期的にメンテナンスを行っていても、経年劣化による雨漏りはある程度発生します。しかし、屋根の形状などにより、この発生頻度は大きく変わってきます。当社でも、様々な雨漏り改修工事を実施してきました。よく見受けられる雨漏り発生要因をご紹介します。

【雨漏り発生要因】

- トップライト（天窓）と屋根材の取り合い部からの雨漏り
- ドーマーと屋根材の取り合い部からの雨漏り
- 屋根の谷部からの雨漏り
- 棟違い部からの雨漏り
- 入母屋部からの雨漏り
- 下屋の壁あたり部からの雨漏り
- 棟瓦、隅棟瓦の漆喰の隙間からの雨漏り

最も雨漏りリスクが小さい建物条件は、屋根形状がシンプルな長方形の総二階の切妻屋根といえます。**「雨漏りが過去にあった」「現在雨漏りしている」という物件の購入を検討して**

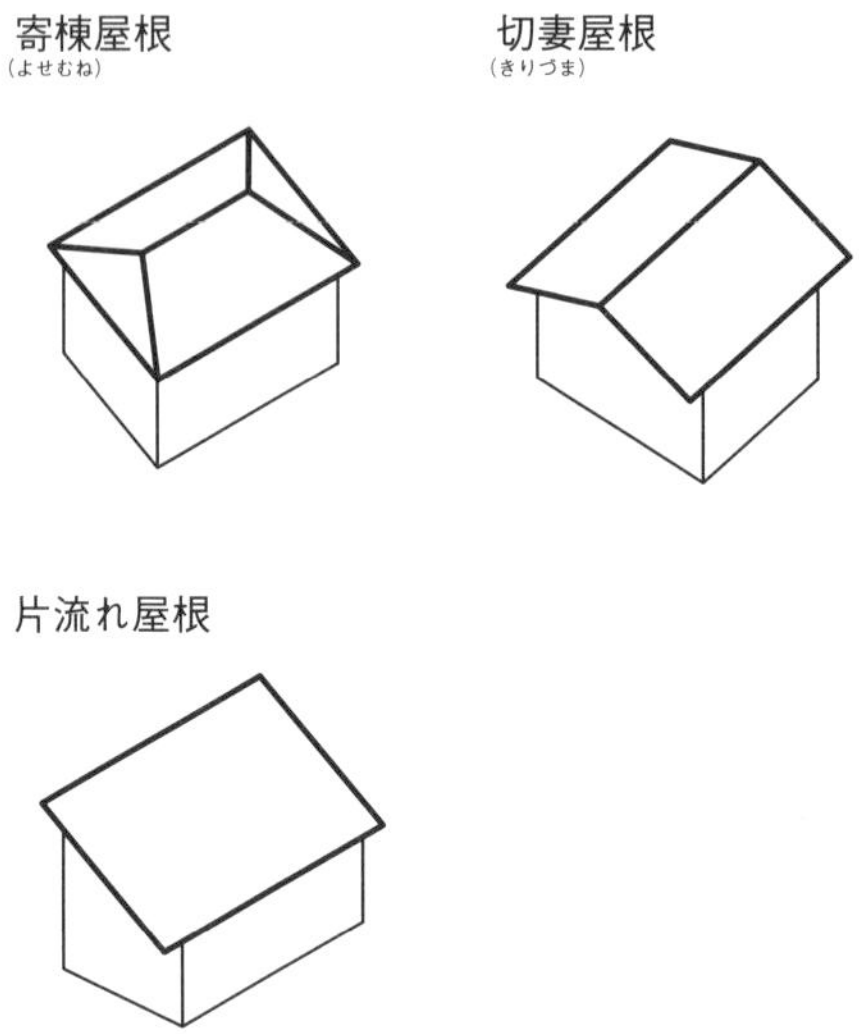

図：屋根形状

いるようであれば、まずは雨漏りの原因を知ることが重要です。要因が特定でき、是正工事が容易であれば購入を見送る必要はありません。

　複数箇所から雨漏りがあり、前述のような雨漏り発生要因を数多く満たしている複雑な屋根形状であれば、簡単な改修工事では解消できない可能性が高く、屋根の葺き替え工事が必要になります。屋根の葺き替え工事とは、既存の屋根材を剥がし、ルーフィングと呼ばれる防水シートを貼り、新しい仕上げ材を葺く工事です。屋根の葺き替え工事は、延床１５０㎡程度の小さな建物であっても２００万円程度の費用がかかります。

写真：ドーマー

写真：トップライト

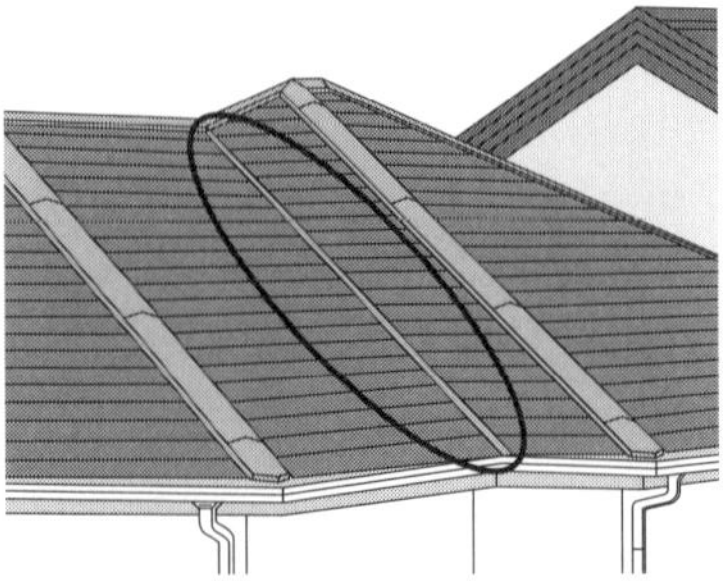

図：屋根谷部

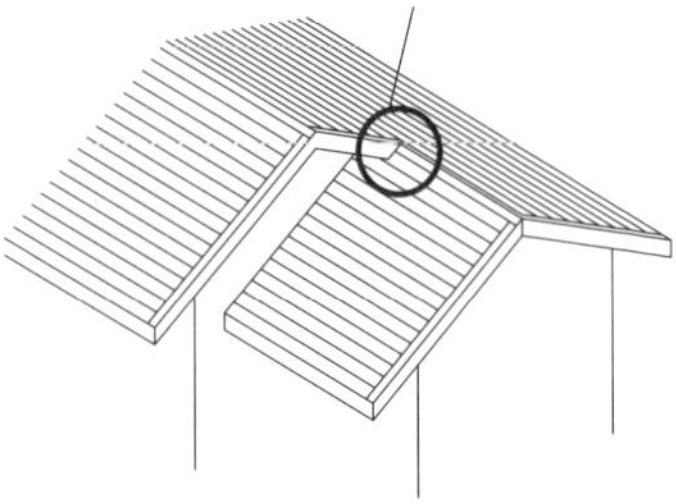

図：棟違い

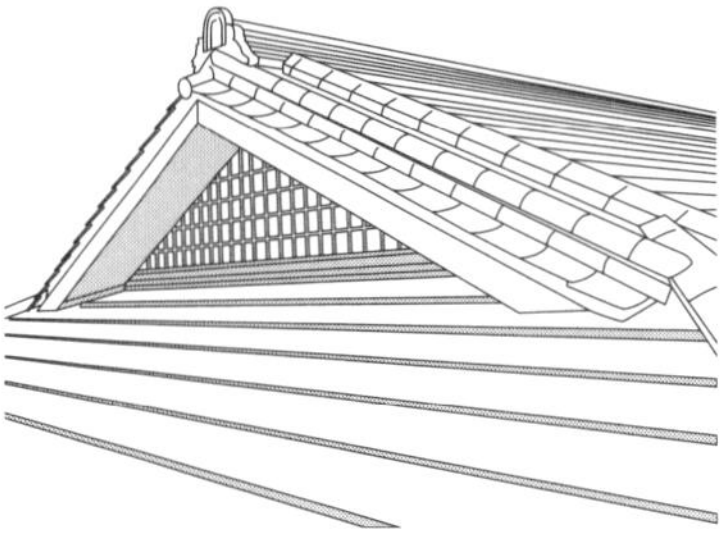

図：入母屋

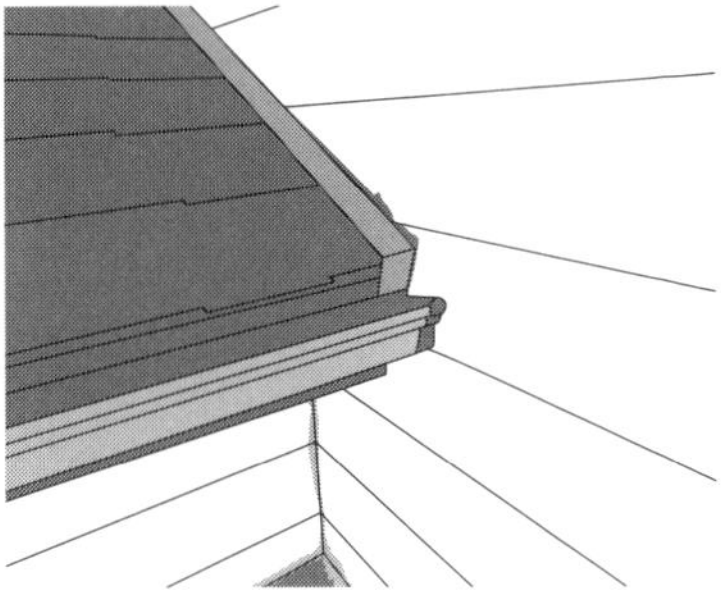

図：下屋壁あたり

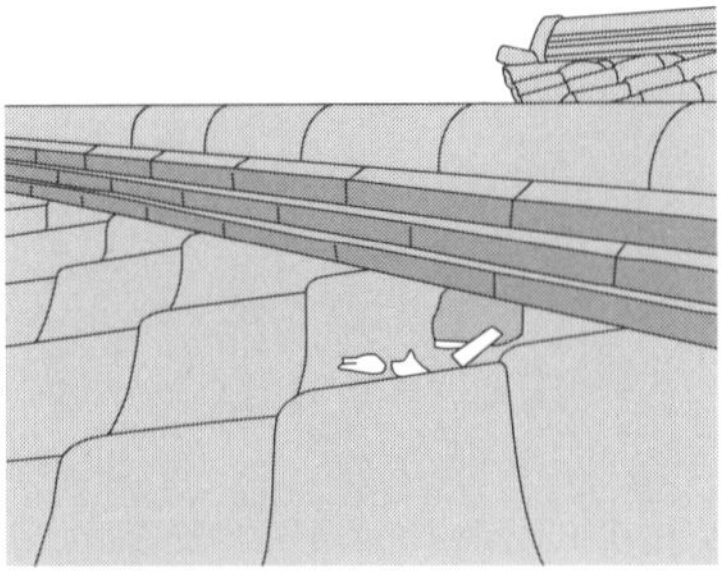

図：隅棟瓦の漆喰

雨漏りはシロアリ発生の危険性を高めるだけでなく、湿気により構造材に大きな影響を及ぼす可能性があるため、そのまま放置することはできません。雨漏りのリスクはどんな物件にもありますが、意匠性にこだわった複雑な屋根形状や、不整形な敷地に合わせた出隅・入隅の多い建物は、極力避けるべきです。雨漏りによる高額な工事費用の発生を抑制するためには、シンプルな屋根形状の建物を購入することをお勧めします。

> **●アパートの屋根の注意点**
> ・最も雨漏りしにくい屋根→シンプルな形状の総二階の切妻屋根
> ・屋根の葺き替え工事が必要となりやすいケース→複数カ所から雨漏りがある複雑な屋根
> 屋根の葺き替え工事費用　２００万円～

■不便で不衛生なカーペット貼りの床

収益物件の内装材において、修繕費が余分にかかってしまうものがあります。それは、カーペット貼りの床です。賃貸住宅の床材は、フローリング・クッションフロア・塩ビタイル・畳・カーペットなどで仕上げられています。**カーペット貼りは収益物件という観点から見ると、適した床材とはいえません。**

最近の新築物件ではフローリングなどの普及により、繊維系床材であるカーペットを見ることはほとんどなくなりました。しかし、築古の物件ではカーペット仕上げの床材は決してまれではありません。

カーペット貼りのメリット・デメリットは次のとおりです。

【メリット】

・保温性が高く、冬は温かい
・クッション性があり、足腰への負担が小さい
・吸音性が高く、階下に音が伝わりにくい
・防滑性が高く、安全である

【デメリット】

・ダニの温床となる
・汚れが付着すると落としにくい
・夏はチクチクして暑苦しい
・家具の跡が残りやすい

写真：カーペット貼りの床

このようにカーペット貼りには、多くのメリットがありますが、カーペットを気に入って入居を決めるケースはほとんどありません。

それどころか、アレルギーの原因ともなるカーペットのダニ問題がテレビで取り上げられることもあるため、今や人気のない床材として位置付けられています。賃貸物件において入居者様が優先するのは、清潔感です。

このような理由により、当社ではカーペット貼りの部屋は、フローリング・クッションフロア・塩ビタイルに貼り替えをしています。

カーペットからの貼り替え工事は、意外と高額な費用となってしまいます。貼り替え手順は次のとおりです。

【カーペットからの貼り替え工事】

1　既存カーペットを剥がす
2　下地処理として薄いベニヤ板を貼る
3　替わりの仕上げ材を貼る

カーペットは接着剤で強固に下地材に固定されているケースがほとんどです。カーペットを撤去してしまうことで、ベニヤなどの下地材の表面が傷つき、凹凸になってしまいます。凹凸のまま仕上げ材を貼ってしまえばベニヤの不陸を拾い、見栄えの悪い仕上がりとなります。それを解消させるため、３㎜程度の薄いベニヤ板を貼り、表面を滑らかにします。

貼り替え工事を実施すると、６畳程度の部屋で15万円程度の費用がかかります。居室・廊下など、水まわり以外はすべてカーペット貼りの物件もありますがこのようなタイプは床だけで30万円程度の費用になります。

購入を検討している物件の床材がカーペット貼りであれば、まずは貼り替えが必要な部屋数を確認して、この貼り替え費用を考慮する必要があります。専有部の内装仕様で原状回復工事費用は大きく変わってきます。原状回復工事の修繕費の予測は、安定した収支につながります。内装仕様をあらかじめ確認することは、非常に重要です。

●カーペット貼り物件の対処法
・カーペット貼りの床は入居付けの観点から、フローリング・クッションフロア・塩ビタイルに貼り替えるべき
貼り替え工事費　15万円程度（６畳）

■ポイントを踏まえてコスト削減も可能な室内建具交換工事

退去後の原状回復工事において、ユニットバスやキッチンなどの設備品交換工事以外に、比較的高額な費用となる工事があります。それは室内建具の交換工事です。交換枚数に左右されますが、１室あたり30万円程度かかるケースもあります。

築年数20年程度の物件であれば、使い方にもよりますが、建具の交換時期を迎えているものが多いです。古い建物の建具は既製品を使用することが難しく、次のような手順で交換します。

・現地にて建具の寸法を測る（採寸）
・採寸した寸法通りに建具を工場などで作成する
・作成した建具を現地で吊り込み、調整する

写真：フラッシュ戸

建具交換は大工さんではなく、建具屋さんの工事となります。原状回復工事を請け負う業者さんが、お付き合いのある建具業者さんに交換工事を依頼するため、そこに中間マージンも発生します。一般的なフラッシュ戸と呼ばれる建具でも、1枚あたり4万円はします。

建具には様々な形状があります。室内建具交換のリスクは建具の枚数に比例します。一般的な片開きのドアや一本引き引き戸は、扉の枚数が1枚になります。それに対し、押入れのような引き違い戸は扉の枚数が2枚になります。

他にも複数枚の扉で構成されている建具として、2枚引き分け戸・2枚引き込み戸・3枚引き込み戸・3枚引き違い戸・4枚引き違い戸などがあります。可変性の高い間取りにはこのような3枚戸・４枚戸がよく使用されています。

通常の建具寸法は巾７００㎜・高さ２０００㎜程度のものがほとんどです。中には巾１５００㎜程度の巾広の扉や、高さが２３００㎜程度のハイドアなどが使用されている建物もあります。

このような建具は一見豪華に見えますが、収益物件向きではないといえます。扉が大きく特寸となるため、１枚あたりの扉の作成費用が割増しになります。それに加え、反りやすいという欠点があり、交換の頻度を高める可能性も否めません。

また、「親子ドア」も収益物件にはあまり適していない仕様といえます。親子ドアとは、大小の巾の開き戸を組み合わせて観音開きにした建具です。通常の出入りには大型の扉だけを利用し、小型の扉は固定されて、広く開けたいときだけストッパーを外して開きます。これによって大型家具などが搬入しやすくなります。親子ドアの交換工事も割高となってしまいます。

和室の建具である襖に関しても、見るべきポイントがあります。和室の襖は「本襖」と「ダン襖」に大別されます。

本襖とは木枠で軸を組み、表面にベニヤを貼り、仕上げ材として襖紙を貼った建具です。耐久性が高く、リフォーム時に襖紙を貼り替えることができ、メンテナンスがしやすい利点

写真：親子ドア

があります。

ダン襖とは、芯が段ボールでできている建具です。安価ですが耐久性は低いです。また、ダン襖は水分を吸収しやすいため変形してしまいます。そのため、貼り替えを行うと、のりの水分を吸収し反ってしまいます。基本的に貼り替えが難しいため、都度交換する必要があります。

和室の襖を交換する際は、どちらの襖で交換すべきかといえば、本襖にすることをお勧めします。ダン襖とした場合、最初の襖交換工事は安価ですが、耐久性がないため、入居の度に新しく襖をつくり直さなければならない可能性があります。本襖は、最初の襖交換工事費用はダン襖と比較すると高くなりますが、入居の度に安価な金額で襖紙を貼ることができます。

本襖とダン襖の金額差は１枚あたり８０００円

程度です。この程度の差であれば、最初に本襖で交換工事を実施する方が、投資という観点から見て有利です。建具は経年劣化により、いずれは交換工事が発生します。建具交換工事による原状回復工事費用を極力減らすためのポイントは以下となります。

【建具交換工事のリスクを極力減らす見極めポイント】

・建具、扉の枚数が多すぎないか
・可変性のある間取りとなっていないか（可動間仕切りが設置されていないか）
・ハイドア、親子ドアなどの特殊な建具を使用していないか
・和室の襖はダン襖ではなく本襖か

このポイントを抑えていれば、建具交換工事に膨大な費用が発生する可能性は軽減できます。可変性の高い間取りであれば、２室を１室利用に間取り変更することも選択肢の１つでしょう。より安定した賃貸経営をするためには、想定外の原状回復工事費用を発生させないことが大切です。そのリスクヘッジの１つとして、建具の状況を確認することは非常に重要です。

●建具の注意点

・室内建具の交換工事は高額な費用となる

・建具交換工事費用　1枚あたり4万円程度

・建具の枚数が多い、もしくは特殊な建具を使用している物件は収益物件には不向き

第5章

この工事は必ずやる

■共用設備の不具合

第5章では修繕が絶対に必要なその他の工事について解説します。共同住宅に使用されている共用設備の是正工事は、必ず実施しなければなりません。共同住宅に使用されている代表的な共用設備は以下となります。

【代表的な共用設備】
エレベーター
浄化槽
貯水槽・給水ポンプ
消防用設備
受変電設備
集合住宅用インターホンシステム
集合ポスト・宅配ボックス

このような設備は、経年劣化に伴い修繕もしくは交換が必要になります。入居者へ快適な住環境を提供し続けるために、これらの設備を維持することは所有者の義務です。中には、次のように定期点検が義務付けられているものもあります。

・エレベーター

エレベーターは、維持及び運行の安全を確保するため、使用頻度等に応じておおむね1月以内ごとに、専門技術者による、点検その他必要な整備、又は補修が必要です。

・浄化槽

浄化槽は適正な維持管理を行うため、浄化槽法により「保守点検」「清掃」「法定検査」の3つを行うことが義務付けられています。「保守点検」は年に4回程度、「清掃」は年に1回、「法定検査」は年に1回となります。

・貯水槽

水道法では、貯水槽の有効容量の合計が10トンを超える給水設備を「簡易専用水道」と定義しています。「簡易専用水道」の設置者には法律上、年に1回以上の貯水槽清掃・水質検査等の管理が義務付けられています。共同住宅はほとんどが10トン未満ですが、有効容量の合計が10トンを超えない場合であっても、「簡易専用水道」に準じた貯水槽清掃・水質検査の管理をしなければなりません。

・**消防用設備**

消防法では、消防用設備を設置した建物には、年に2回の設備の点検と所轄の消防署へ年に1回（特定防火対象物）、または3年に1回（非特定防火対象物）の点検結果の報告が義務付けられています。

・**受変電設備**

受変電設備は、月に1回、もしくは隔月に1回の保安点検を実施することが、電気事業法で定められています。この点検頻度の違いは、受変電設備に遠隔監視装置を取り付けることで、安全性の向上が図られるため、隔月点検の実施が認められるようになります。その他に、年に1回の年次点検を行う必要もあります。

これらの定期点検で不具合が見つかった場合は、是正提案が点検業者からあがってきます。**この是正は必ず実施することをお勧めします。壊れる前に、工事することが大切です。**

共用設備が壊れてしまった後に、工事をすることのデメリットは大きく3つです。

【共用設備の故障後工事のデメリット】
・是正工事費用が割高となる
・工事が長期化してしまうことで、退去につながるリスクがある
・設備機器の寿命が短くなってしまう

1つ目のデメリットは是正工事費用が割高となってしまうケースが多いことです。共用設備の故障は、生活に支障をきたしてしまうことが多く、即対応を求められるケースがあります。そのため、見積の比較・精査をする時間がありません。緊急対応で動く業者ほど高額な見積を提示することが多いです。それでも、泣く泣く発注せざるを得ないケースが生じてきます。

この共用設備のメンテナンス業界は非常に専門性が高いため、建築に携わっている人でさえ単価感をつかんでいません。その専門性の高さを利用し、不当に高い金額で工事提案をする悪徳業者もいることに注意してください。

2つ目のデメリットは入居者の退去リスクです。共用設備に不具合が生じた際に、「特殊な部品で納期まで2週間かかってしまう」など、完了まで時間がかかれば大きな問題となってしまいます。「水がしばらく出ない」「エレベーターが数週間使用できない」という状況で

あれば、入居者の不満が高まり、退去へつながる恐れもあります。

3つ目のデメリットは、設備の寿命を縮めてしまうことです。定期検査の是正提案の中には、小さな部品の交換という数千円レベルのものもあります。たとえ小さな部品でも交換を怠ることで本体に大きな負荷がかかり、本体交換工事につながりやすくなります。

このような理由により、共同住宅に使用されている共用設備の是正工事は、必ず実施しなければなりません。そのために重要なことは、どの業者で点検業務を行うかです。

前述させていただいたように、この共用設備のメンテナンス業界は、非常に専門性が高い業界です。自社の売上・粗利益だけを考え、本体交換工事ばかりを提案してくる業者もいます。**収益物件という見方で、親身な提案をしてくれる業者に点検を任せることが大切です。**

その会社のトップの考え方次第で、提案内容が大きく変わってきます。不当に高い価格でないことはもちろん、いかに費用対効果の高い工事提案をしてくれるかが大きなポイントとなります。

「信頼できる業者へ点検の依頼」↓「適切な是正提案」↓「即工事を行う」というフローの構築により、よい状態で建物を維持し続けることをお勧めします。

> **●共用設備の是正工事のポイント**
> ↓共用設備の故障後工事はデメリットばかり。壊れる前に実施する

■構造に支障をきたすもの

中古の共同住宅は、手元に設計図面・構造計算書などがないことも多く、その建物の構造面における安全性を担保されにくいものがほとんどです。**中古の共同住宅を安全に維持していくためには、構造に関する劣化の兆候が見られた場合に、必ず改修工事を実施すること**をお勧めします。

構造に関する劣化の兆候には、どのようなものがあるのでしょうか。次のような事象が考えられます。

【構造に関する劣化の兆候】
・コンクリートの爆裂
・鉄筋の露出
・構造クラックの発生

「コンクリートの爆裂」「鉄筋の露出」は「構造クラックの発生」により引き起こされることが多いです。まず「コンクリートの爆裂」は、鉄筋コンクリート中の鉄筋が錆びて膨張し、コンクリートを押し出して破壊する現象です。通常ですとコンクリート中の鉄筋は、空気に

コンクリートの爆裂

クラック

鉄筋の露出

写真：各劣化状況

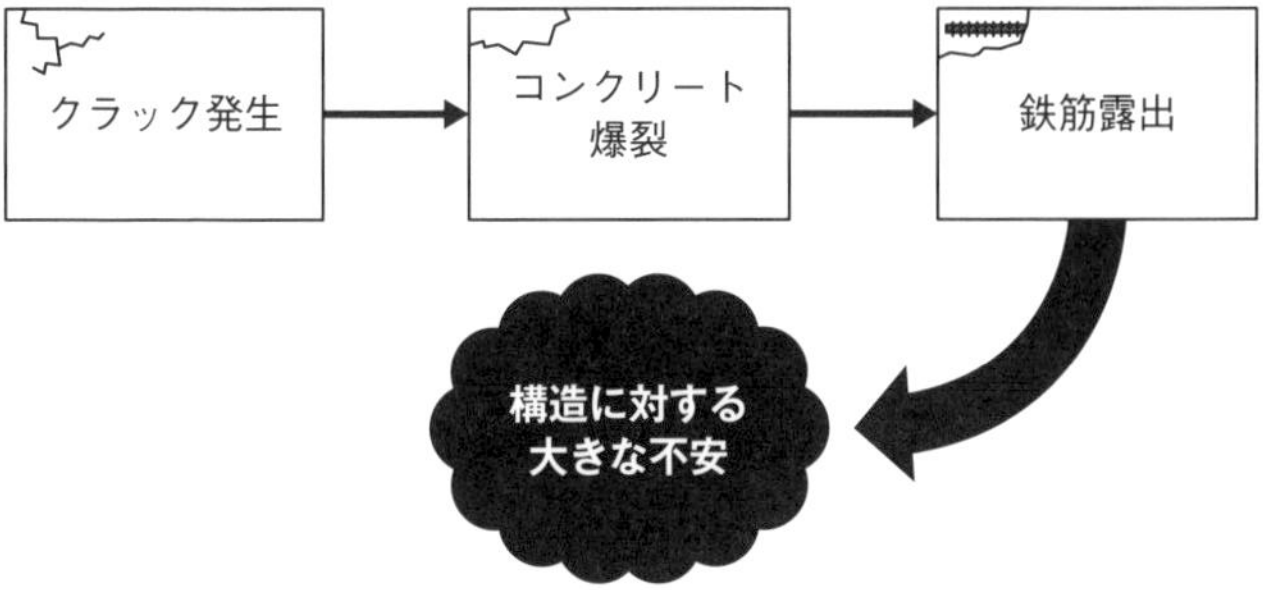

図：コンクリートの劣化の兆候について

触れないようにコンクリートで保護されているため錆びることはありません。しかし、構造クラックなどにより水が浸入すると鉄筋が錆びてしまうのです。

「鉄筋の露出」はコンクリートの爆裂によって起こります。本来であれば保護されているはずの鉄筋が露出し、空気にさらされて劣化スピードが速まります。結果として構造に対し、大きな不安要因となります。

「構造クラックの発生」は建物の構造的な欠陥、凍結と融解の繰り返し、不同沈下などから発生するひび割れです。

クラックの早期発見と補修工事は、構造体の腐食による大掛かりな補強工事を発生させないためにも非常に重要といえます。

構造クラックのように割れが深い場合、表面を塗装で処理しただけでは、すぐに内部の割れが表面の塗膜に伝わってしまいます。適切な構造クラック補修をすることが大切です。

建物の長寿命化に配慮するということは、環境保護にも大きくつながります。いわゆるスクラップ・アンド・ビルトという言葉に代表されるように、解体して建て替えるという考え方は、解体時には大量の廃材が生まれ、新築時には様々な材料が必要となります。環境意識が高まり、これまでのように単純なスクラップ・アンド・ビルトが許されない時代背景において、中古収益物件の構造に支障をきたす劣化に対しても、是正は最優先で実施すべき項目の1つといえます。

●建物の長寿命化のポイント
↓構造に関する劣化の兆候を確認して早期発見
大掛かりな補強工事を発生させないために適切な補修工事を行う

■雨仕舞いに影響する工事

収益物件に対して必ず行う工事には、「雨仕舞の是正工事」があります。雨仕舞いとは建築物内部に雨水を浸入させない仕組みを施すことの総称です。**雨漏りを発生させないための工事は最優先で行います。**

漏水することは、建物にとってどのようなデメリットがあるのでしょうか。漏水は建物の寿命を短くします。湿度が高くなり、木材は腐食してしまうからです。

また、水分を含んだ木材となることで、シロアリ被害のリスクも高まります。シロアリ被害が大きくなれば、建物が倒壊する可能性もあります。

雨漏りにより湿度が増すことで、カビの発生によるアレルギー感染症や、さらに深刻な健康被害を引き起こす可能性もあります。

このような理由から、雨漏り是正工事の重要性がおわかりいただけると思います。

雨仕舞の是正工事には具体的にどのようなものがあるのでしょうか。

・外壁・屋根塗装による外装材の保護

外壁・屋根塗装を行い、外装材をコーティングすることで、外装材の劣化を遅らせることができます。直接的な雨漏り改修工事ではありませんが、防水効果の長寿命化につながります。

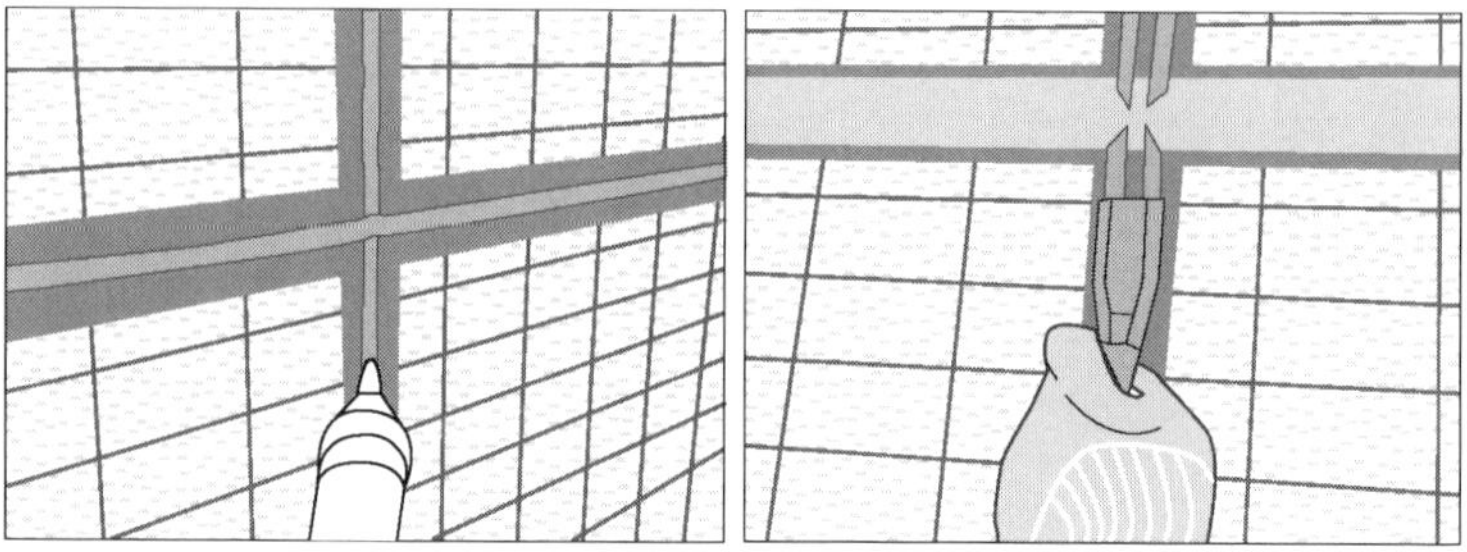

図：シーリング打ち替え

・シーリングの打ち替え

シーリングとは、外壁の隙間に充填するペーストのことです。シーリングの役割は、外壁の緩衝材となり、外壁材を割れにくくします。また、隙間にシーリングを充填することで、室内への雨水浸入を防ぐことができます。

シーリングは、外壁材のジョイント部・窓と外壁の取り合い部・軒と外壁の取り合い部などに多く使用されています。シーリングは紫外線にさらされるため徐々に劣化していき、10～15年がシーリング打ち替え工事の目安とされています。

また、シーリングには「増し打ち」と「打ち替え」があります。「増し打ち」は既存のシーリングを撤去せずに、上からシーリングを被せる工事です。「打ち替え」は既存シーリングを撤去し、新たにシーリングを施工します。

シーリング工事は、打ち替えをすることをお勧めします。

「増し打ち」は「打ち替え」と比較すると安価で工事ができ

きます。しかし、「増し打ち」はシーリング材のボリュームが少ないため持ちが悪く、結果的に経済的とはいえません。

既存のシーリングに割れなどがなく、これから打つシーリングの厚みが５㎜以上確保できれば、増し打ちを検討してもよいと思います。また、窓まわりなど構造上の問題により、打ち替えが難しいケースもあります。その際は劣化部のみ除去し、増し打ちを行うことになります。

シーリングは防水効果を維持するうえで、とても大切なものです。ひび割れ・硬化・隙間などの劣化が見られれば、打ち替え工事は必ず実施すべきです。

・屋上防水の是正

比較的規模の大きい共同住宅の屋根は、「陸屋根」になっていることが多く、屋上防水が施されています。陸屋根とは、傾きをつけず、ほとんど平らにつくられた屋根です。防水は大きく次の３つに大別されます。

【代表的な屋上防水工事】

・アスファルト防水

・ウレタン防水
・シート防水

それぞれ経年劣化により、防水性能が低下していきます。退色・ひび割れ・浮きが見られるようであれば、是正工事が必要です。

屋上防水工事は費用が高いため、できるだけ安価に済ませようと考えがちです。様々な工法がありますが、それぞれに見合った改修工事を実施することが重要です。劣化した防水層の上に、トップコートと呼ばれる保護塗装だけで済ませるようなことは、決してあってはなりません。

・ベランダ、共用廊下の防水の是正

共同住宅のベランダや共用廊下は、塩ビシート・ウレタン塗膜・防水モルタルなどで仕上げられているものが多いです。ベランダや共用廊下は、屋外に跳ね出してつくられているため、雨漏りがあっても、それほど気にされない人が多いことでしょう。

しかし、漏れた直下が屋内か屋外かだけの違いであって、躯体へのダメージは変わりません。ベランダや共用廊下の防水機能が切れていれば、工事を実施することは屋上同様、大切なことです。

雨漏りは建物に大きな負荷をかけ、寿命を縮めます。湿気により、入居者の健康にも大きな悪影響を及ぼします。また、過去に雨漏りの履歴があることで、売却時に大きなマイナスとなってしまうことが危ぶまれます。

雨仕舞の是正工事は、雨漏りが起こってからではなく、防水の劣化状況を見極め、事前の改修が望ましいです。雨漏りが起こってからでは、内装の復旧費用・入居者の仮住まいに関わる費用を負担する必要があります。

また、緊急で改修工事を実施する必要があり、よい業者を選定する時間がなくなる可能性もあります。これにより、高額な工事や手抜き工事を受け入れざるを得ない状況になってしまうリスクもあるのです。

雨漏りを発生させないための改修工事は、先行投資となります。この先行投資は決して無駄になることはありません。緊急の雨漏り改修工事は高くなってしまいがちです。雨漏りを発生させないための建物調査・是正工事は、収益性を維持するために重要なことといえます。

●雨仕舞工事のポイント
↓雨漏り発生前に予防で早く行う
雨仕舞工事
・外壁・屋根塗装による外装材の保護
・シーリングの打ち替え
・屋上防水の是正
・ベランダ、共用廊下の防水の是正

■屋外洗濯機置き場の室内への移設工事

費用対効果の高いグレードアップ工事として、屋外にある洗濯機置き場を、室内へ移設する工事があげられます。築古の狭小ワンルーム物件などにおいては、ベランダや共用廊下など、屋外に洗濯機置き場が設けられているのをよく目にします。洗濯機置き場が屋外にある物件に対し、当社では室内への洗濯機置き場の移設工事を徹底して行っています。

屋外洗濯機置き場のデメリットとして、次のようなことが考えられます。

【屋外洗濯機置き場のデメリット】
・入居者募集の間口が狭くなる
・洗濯機が壊れやすい
・ベランダへの大きな負荷
・洗濯水栓の凍結リスク
・給水管が長くなることによる階下漏水リスク

屋外洗濯機置き場の物件は、当社のリーシング実績により、入居者の募集間口を大きく狭めていることが証明されています。特に女性の入居者から嫌がられるケースが多く、賃貸経営の大きなポイントである、入居率に大きく影響が出てきます。

また、洗濯機を外に置くことで風雨にさらされ壊れやすくなります。これも入居者にとっては、屋外洗濯機置き場を敬遠する理由の1つになります。

ベランダに洗濯機が置かれてしまうことには多くのマイナスがあります。ベランダは防水面において、一般的には弱点とされています。その弱点であるベランダに、洗濯機のような水を大量に使用する機器を設置することは、得策ではないと考えるのが普通です。

洗濯機は経年劣化とともに振動が大きくなります。この振動がベランダに伝わることで、防水層が切れてしまう可能性も高まります。そもそも洗濯機の重量は、水を含めると非常に大きくなります。この重いものをベランダに設置し続けることは、構造躯体に大きな負荷をかけてしまいます。重量による負荷で、躯体に動きが生じれば、防水層も動いてしまい、結果的に漏水などにつながってしまいます。

また、洗濯機置き場には必ず給水元があります。水栓が外に設置されていることにも大きなリスクがあります。それは、冬場の凍結による水栓のパンクです。

寒気などの影響で、最低気温がマイナス４℃以下になる場合は危険です。露出されている水栓が冷されることで中の水が凍ってしまいます。凍ることで体積の増加・膨張につながり、その結果、水道管が割れることや接続部分が破損してしまう恐れがあります。

当社でも、平成30年の１月、２月の非常に強い寒波の影響により、屋外に設置してある洗濯水栓がパンクする事例が１００件以上も発生しました。

さらに、ベランダに洗濯水栓が設置されているリスクとして、階下漏水のリスクが高まるデメリットも考えられます。通常、玄関とベランダは離れてつくられています。北側に玄関があって、南側にベランダがあるような間取りが想像できると思います。

給水は、玄関側から引き込まれることが多く、そこにキッチンやトイレ、ユニットバスが集中していれば、給水管は短い合理的な計画であるといえます。

ベランダに水栓を設けるということは、給水管を端と端まで結ぶことになり、配管経路が長くなります。これが長くなるほど、経年劣化による階下漏水のリスクが高くなります。

中には、もともと洗濯機置き場がなく無理やり屋外に後付けされているケースもあります。このような物件には、特に注意が必要です。

・共用廊下に強引に設置したため、避難経路（廊下幅員）が確保されていない
・雨水管に洗濯排水を不法に接続してしまっている

このような不適切な工事は、遵法性の観点からも即是正すべき工事となります。**数多くのデメリットがあることから、室内に洗濯機置き場を移設する効果は非常に大きいものがあります。**しかし、費用対効果を高めるためには、極力安価に工事をする必要があります。当社では、次の点に留意して移設工事を実施しています。それは、配管の切りまわしが簡単な場所に移設するという点です。

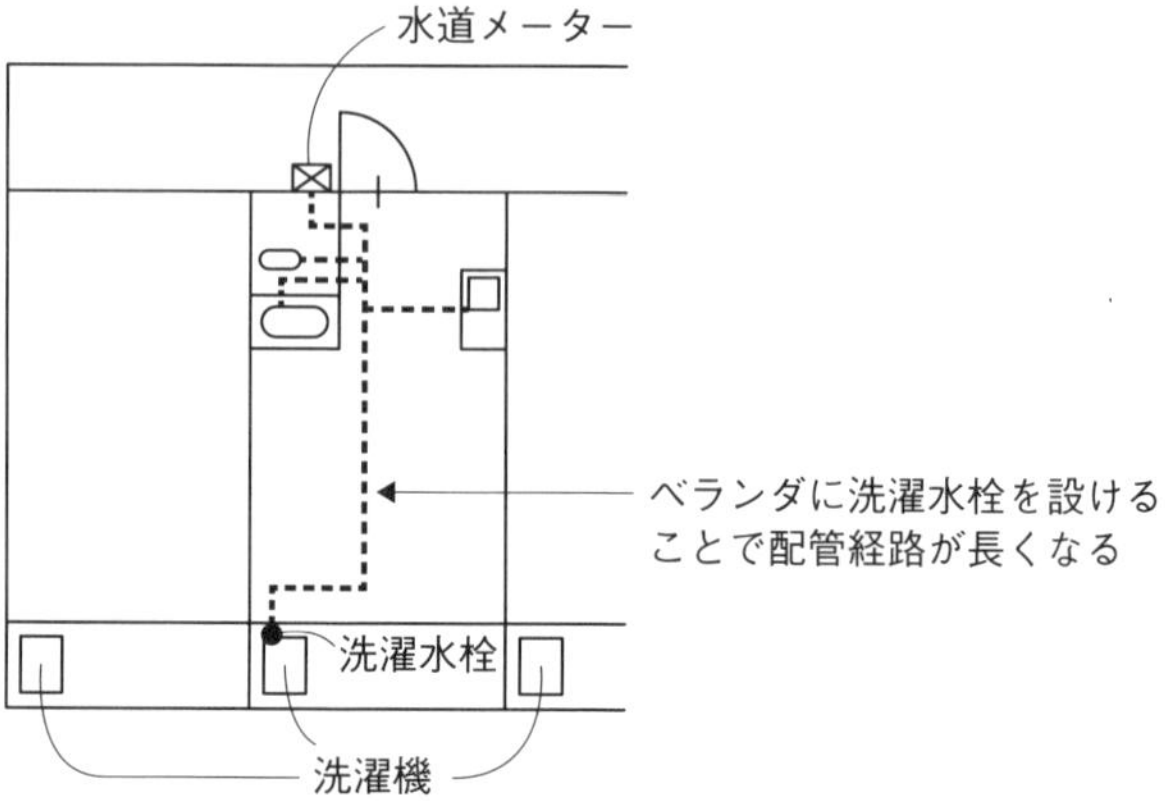

図：洗濯水栓とメーターの位置関係

工事費用を安く抑えるためには、給水・排水・電気の引き直しを、いかに省力化するかが大きなポイントになります。そこで、冷蔵庫スペースを代用することをお勧めします。

通常、冷蔵庫はキッチンの横に設置されていることが多いです。キッチンの隣であれば、給水・排水はキッチンの配管から分岐させることができ、最短ルートで洗濯機用の給水管・排水管を引くことができます。また、コンセントも設置済となるため電気工事も不要です。あとは、冷蔵庫スペースの位置を検討するだけです。

このケースの工事手順は次のようになります。

【室内洗濯機置き場の設置工事手順】

①　キッチンの給水管・排水管を分岐させる

②　隣の洗濯機置き場に分岐させた配管を立ち上げる
③　隣の洗濯機置き場に架台（台座）をつくる
④　洗濯パンを架台の上に設置する
⑤　洗濯水栓を取り付ける
⑥　屋外洗濯機置き場の水栓を外し、キャップ止めする

この工事を内装工事と同時に施工した場合、追加工事費用は12万円程度です。それでも12万円以上の効果があると考えているため、積極的にこの工事を実施しています。

キッチンの横に洗濯機、キッチンから少し離れた場所に冷蔵庫となることで、多少の違和感は残ってしまいます。しかし、これが原因で入居を見送られることは、ほとんどありません。

工事費をさらに下げるための工夫として、「給水栓付き洗濯機パン」の採用が考えられます。給水栓付き洗濯機パンとは、給水栓が洗濯パンと一体となって設置されているため、給水管の壁配管にかかるコストを軽減できます。状況にもよりますが、これを使用することで、内装工事と同時に施工した場合の追加工事費用が、８万円程度で抑えられる場合もあります。

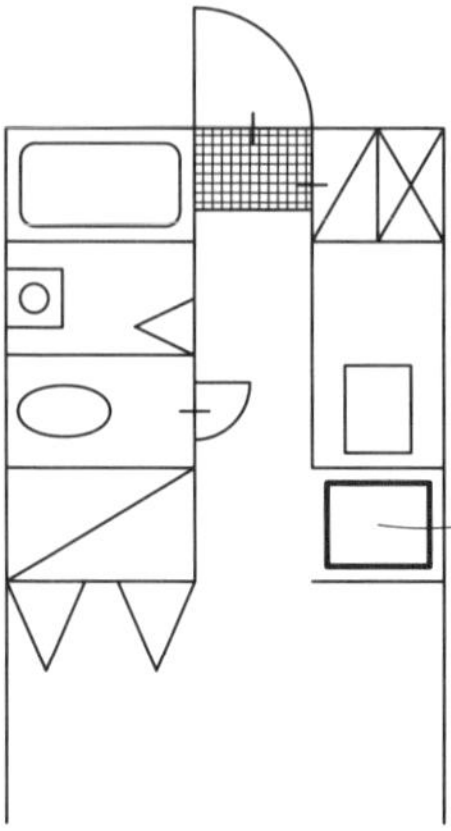

図：室内洗濯機置き場のお勧め設置位置

中にはミニキッチン付きの超狭小ワンルームなど、室内移設が難しいケースもありますが、**可能な限り室内に洗濯機置き場を移設すべきです**。前述したようなリスクを取り払うことができ、物件のバリューアップにつながります。安価に移設工事を実施することで、さらに費用対効果が高まります。屋外洗濯機の室内への移設工事は、絶対に行うべきことの1つといえます。

> **●屋外洗濯機置き場から屋外洗濯機の室内への移設工事**
> ↓入居募集、建物維持の観点から見ても必須
> 移設工事費用は、絶対に行うべき

■安価で費用対効果の高いカラーモニターホン設置

費用対効果の高いグレードアップ工事として、カラーモニターホン設置をお勧めします。**カラーモニターホンの設置により、防犯性や利便性が高まり、入居付けにおいては非常に有利に働きます。**

既存のインターホンが電気式であれば、配線工事は不要となります。工事内容は取り外し・取り付けのみの簡単な工事となるため、2万円程度で交換が可能です。しかし、インターホンがもともと設置されていない物件や、電池式のチャイムが設置されている物件になると配線工事が必要となります。

最近では、電池式のワイヤレスのカラーモニターホンも発売されており、2万5000円程度で取り付けが可能です。インターホンがもともと設置されていない物件や、電池式のチャイムが設置されている物件にも、容易に設置できるようになりました。

有線式と無線式のメリット・デメリットは次のようになります。

【有線式】

メリット　：本体価格が安い。電気式のため、電池交換などのメンテナンスが不要

写真：給水栓付き洗濯機パン

デメリット　：電気式のため、配線工事が必要となる

【無線式】
メリット：配線工事が不要のため、どこにでも設置できる
デメリット：　本体価格が割高。電池式のため、定期的な電池交換が必要となる

既存の配線状況を確認し、物件に適したカラーモニターホンを選定することが大切です。安価な費用でカラーモニターホンを設置することで、さらに収益性を高めることができます。カラーモニターホン設置工事は、費用対効果の高いやるべき工事の1つです。

●カラーモニターホン設置工事
カラーモニターホン設置工事は費用対効果が高いので実施するべき
↓既存の配線状況を確認し、物件に適したカラーモニターホンを選定
設置工事費用は2万～2万5000円程度

■温水洗浄便座の設置

温水洗浄便座は費用対効果の高いグレードアップ工事です。温水洗浄便座とは、「ウォシュレット」や「シャワートイレ」などの呼称を総称したものです。ウォシュレットはTOTO、シャワートイレはLIXIL（旧INAX）の商標です。

この温水洗浄便座には100V電源が必要です。電源工事が不要であれば、3万円程度で設置可能です。ここで注意が必要なのは、3点ユニットのトイレへの温水洗浄便座の取り付けについてです。前述させていただいた3万円程度で工事可能なのは、独立型のトイレについてです。

製品代で比較すると、3点ユニットバス用の温水洗浄便座は、独立型の温水洗浄便座の約4倍です。また工事費用も割高になり、材工で10万円程度となってしまいます。これだけ高

額になってしまうのは、次にあげる2つの理由からです。

・湿度対策をとる必要があるため

温水洗浄便座は電気製品です。電気製品は湿度に弱いため、操作用の基盤は湿気が入らないように特殊なコーティングがされています。これが製品代の高くなる理由です。

・需要が少なく、価格競争意識が働かないため

ユニットバス用の温水洗浄便座を購入するのは現状ホテルだけです。競争意識が働かず、かなり高い値段で高止まりしてします。費用対効果を勘案すると、3点ユニットのトイレに温水洗浄便座を設置することは、得策とはいえません。

中には、無知な業者が独立型トイレ用の温水洗浄便座を、3点ユニットに設置してしまうケースもあります。湿気により感電してしまう恐れがあるため非常に危険です。このような場合は、普通便座に戻す必要があります。温水洗浄便座は、費用対効果の高いグレードアップ工事です。独立型トイレの場合に関し、積極的に取り付けすることをお勧めします。

●温水洗浄便座設置工事
↓費用対効果の高いグレードアップ工事
設置工事費用　3万円程度
設置工事　独立型トイレ↓やる
　3点ユニット↓やらない

■電気コンロからＩＨヒーターへの交換工事

電気コンロからＩＨヒーターへの交換工事は、費用対効果の高いバリューアップ工事となります。電気コンロとは、電熱線の抵抗発熱を利用したコンロです。発熱線を渦巻状にしたものが多く、別名「渦巻きコンロ」とも呼ばれています。

築古のワンルームの共同住宅では、この電気コンロが設置されている物件をよく見かけますが、当社では電気コンロから、ＩＨクッキングヒーターへの交換工事を積極的に行っています。

電気コンロ・ＩＨクッキングヒーターのメリット・デメリットは次のとおりです。

【電気コンロ】
メリット
・今まで使っていた調理器が使用可能
・製品代がＩＨクッキングヒーターと比較すると安価
デメリット
・熱効率が悪く、調理に時間がかかる
・ヒーター部分が高熱になる
・火力が弱い

【ＩＨクッキングヒーター】
メリット
・熱効率がよく、調理の時間が短くなる
・ヒーター部分が熱くならない
・火力調整がしやすい
・掃除が楽
デメリット

・今まで使っていた調理器が使用できないものもある
・製品代が電気コンロと比較すると少し割高になる

このように、電気コンロに対して多くの入居者が良い反応を示しません。これがネックとなり、入居を見送ってしまうケースも想定されます。費用対効果を勘案すると、交換することをお勧めします。交換工事の手順は、次のようになります。

【ＩＨクッキングヒーターへの交換手順】
１　電気コンロの操作スイッチを外す
２　電気コンロ本体を外す
３　ＩＨクッキングヒーターを取り付ける
４　既存の操作スイッチ部をプレートでふさぐ

このような配線加工がない場合は、おおよそ3万円で交換工事が可能です。ＩＨクッキングヒーターに交換し、手入れが楽になることで、調理器の使用年数が長くなるプラスの効果もあります。より多くの入居者に選んでいただけるような部屋づくりのため、積極的に交換

写真：電気コンロ・ＩＨクッキングヒーター

工事を実施することをお勧めします。

●電気コンロからＩＨヒーターへの交換工事
↓費用対効果の高いバリューアップ工事
設置工事費用　３万円程度
ＩＨヒーターへの交換工事は実施すべき

■忘れがちな住宅用火災警報器の設置

住宅用火災警報器の未設置物件において、設置工事は必ずやるべき工事の１つです。住宅用火災警報器は、火災報知機の一種であり、主に一般住宅に設置されいます。火災時の煙や熱を感知して音声やブザー音により警報する警報器のことです。

５００㎡の以上の共同住宅には、「自動火災報知設備」が設置されています。この自動火災報知設備が感知器・受信機・ベルなどの構成機器を配線して動作させるシステムであるのに対し、「住宅用火災警報器」は、感知器そのものが音声やブザー音を発し、単体で動作します。500㎡未満の共同住宅はこの住宅用火災警報器の設置が必ず必要になります。これは、平成18年6月1日に消防法により設置が義務付けられました。

そのため平成18年以前の建物には、これが設置されていないものが多く見受けられます。当社では、住宅用火災警報器の設置状況を確認し、未設置であれば必ず工事を実施していま す。また、住宅用火災警報器はリチウム電池を電源としています。このリチウム電池の寿命は10年といわれ、既に設置済であればテストを行い、電池切れしていないかも確認していま す。

住宅用火災警報器には「煙感知」と「熱感知」があります。基本的には煙感知式を採用しますが、キッチンに設置する場合は、熱感知式が望ましいです。設置基準は行政により異なりますが、当社では設置漏れを防ぐために、一番厳しいとされている東京都基準で設置をしています。

住宅用火災警報器は、1台あたり3000円もあれば購入することができます。電源工事も不要なため、簡単に誰でも取り付けることができます。

住宅用火災警報器の設置は消防法で義務付けられています。これが未設置で、万が一にも火災があった場合は大きな責任を問われてしまいます。住宅用火災警報器の設置、及び電池交換は必ずやるべき工事なのです。

●住宅用火災警報器設置工事

住宅用火災警報器設置工事は絶対に行うべき

製品代　３０００円程度から

第6章

工事費用を抑えるための工夫

■「建築」×「賃貸管理」の掛け合わせ

収益物件の工事で重要なのは、費用対効果の高さです。入居者に選ばれるためには、どこにお金をかけるべきかのノウハウが大切です。ところが、不動産投資の特性を全く理解していない工事業者も残念ながらいます。彼らは自社の売上や粗利益を確保するために、必要のない工事ばかりを提案してしまうのです。

当然ながら、その部屋の賃料に対しての期待値を超えれば入居者に選ばれます。そもそも工事業者は、その部屋の賃料を把握していないケースがほとんどです。工事業者に任せっきりでは、賃料に対する期待値を大幅に超えたオーバースペックな工事を実施されてしまったり、逆に期待値を下回り入居がいつになっても決まらなかったりといった状況に陥りやすくなります。

ここでいう工事費用を抑えた費用対効果の高い工事とは、期待値をギリギリ超えた水準までの、最低限工事であると考えています。このような**費用対効果の高い工事提案は「建築」×「賃貸管理」の掛け合わせから生まれるものです。**ただ安くリフォームをするだけといった工事業者は、このような考えを持っていないところが多いのです。

「建築」の知識に長け、本気で「賃貸管理」をしている会社からの工事提案は非常に費用対効果が高いといえます。提案力こそが、工事費用を抑える大きなポイントです。

●期待値をギリギリ超えた水準までの最低限工事→費用対効果の高い工事
費用対効果の高い工事提案は「建築」×「賃貸管理」の掛け合せから生まれる

中古収益物件は個別性が非常に高いといえます。各部屋の原状回復工事内容はバラバラです。**工事費用を抑えるための工夫としては、その部屋の現況を活かした工事提案が重要になります。**

■現況を活かした工事

水栓から水漏れがあるなら本体交換工事ではなく、パッキン交換するだけで対応が可能な場合もあります。換気扇やドアなどがひどく汚れていても、本体交換工事ではなく、特殊清掃で十分に賃貸できる状態まで引き上げることも可能です。

修繕を実施しても、その設備が適切に機能しない、または清潔感が担保されないようであれば、本体交換工事をお勧めします。

その部屋の過去のメンテナンス状況や、入居者の使い方によっても各部屋の状況はすべて異なります。部屋の状態をよく見極め、活かせるものを極力活かすことは、利益を最大化させるための有効な手段といえます。

●その部屋の現況を活かした工事提案→費用対効果の高い工事
部屋状態をよく見極め、活かせるものを極力活かすことが、利益を最大化させる

■クロス工事は貼り替えがマストではない

クロス染色は原状回復費用を抑えるための、1つの有効的な手段となります。原状回復工事で必ず実施する工事として、クロスの貼り替え工事があります。共同住宅に使用されるクロスは、「量産クロス」と呼ばれる安価なものを使用します。この貼り替え工事に要する費用は、㎡あたり1000円程度です。

そこで工事費用を抑える方法として、クロスの染色という工法があります。汚れた壁紙を貼り替えずに、クロスの上から染色剤を塗布する工法です。揮発性有毒物質ホルムアルデヒドなどを含んでいない、安全なものであることも証明されています。

当社では、このクロス染色という工法を積極的に行っています。クロス染色の施工単価は、㎡あたり700円程度と非常に安価です。20㎡程度のワンルームにおいては、貼り替えと染色で1万5000円程度の差となります。また、貼り替えに比べて工期も短くなるため、募集スピードが速くなる面でもプラスとなります。

しかし、クロス染色はすべての原状回復業者ができるわけではありません。この技術を開

発したメーカーの講習を受け、正規代理店となる必要があります。

さらに、この工法は既存のクロスの状況により採用できない場合もあります。多少のクロスの剥がれや傷であればリメイクが可能ですが、大きく破れてしまっていれば、貼り替えとなってしまいます。

クロスの状況が悪すぎなければ、この工法を採用することができます。原状回復工事にかける費用を極力抑えるためにも、クロス染色という選択肢を持つことは非常に効果的といえます。

●クロスは貼り替えよりクロス染色
・クロス貼り替え（量産クロス）　１０００円／㎡程度
・クロス染色　７００円／㎡程度
クロス染色により原状回復工事費用を抑えることができる

■付帯設備は増やさない

共同住宅の付帯設備に関する修繕は、所有者の義務となります。エアコンが故障した、ドアが開けにくくなった、水栓からポタポタ水が漏れるなどの不具合が発生した場合、修繕工事を実施しなければなりません。

付帯設備は経年劣化により、修繕や交換というメンテナンスが必要になります。ファミリータイプの3DKの住戸にエアコンを3台設置したり、ミニキッチンに冷蔵庫を設置したりと付帯設備を増やすことは、住戸のバリューアップとなる一方で、メンテナンスの負担も増大します。

当社では、このような観点から付帯設備を増やすことをあまりお勧めしていません。その例として、埋め込み型以外のガス調理器は、入居者が退去したタイミングで、必ず撤去しています。理由は大きく3点です。

1点目は、ガス調理器の点火試験が管理会社ではできないことです。ガスは使用開始時に、入居者立会いのもとガス業者が開栓します。そのため、原状回復工事時では、ガス調理器が正常に動くかどうか、事前に確認することができません。これにより、入居してすぐにガス調理器が壊れているとのご指摘を、入居者からいただくケースが多々ありました。

2点目は、清掃に手間がかかることです。原状回復工事では、クリーニング業者が清掃を行います。ガス調理器があることで、魚焼きグリルなど清掃箇所が多くなり、クリーニング工事の業務量を圧迫してしまいます。普段から手入れが行き届いていない調理器は、完全に汚れを除去することが難しく、その結果、入居者より「汚れ」についてご指摘をいただくケースもあります。

3点目は、撤去のご依頼をいただいてしまうということです。これはガス調理器に限らず、入居者によっては使用済の家具家電・設備を嫌う方がいらっしゃいます。これではせっかくの投資も無駄になってしまうリスクがあります。

ビルトインコンロ付きシステムキッチンは、調理器を取り外して賃貸することができません。このような理由により、キッチンの仕様は、建物のスペックに合わせて選定をすべきです。

修繕という観点から見れば、システムキッチンよりも、セパレートタイプのブロックキッチンの方が、メンテナンスにかかる費用を抑えられます。ビルトインコンロ付きシステムキッチンであっても、魚焼きグリルのない調理器を選べば、清掃にかかる負担を軽減できます。**大切なのは、その物件に見合った設備投資をすることです。**

過度な設備投資は、日々の修繕費用を増加させてしまいます。工事費用を抑えるためにも、設置を検討している設備があれば、その住戸（物件）に必要なのかをよく検証しましょう。

●収益物件において、日々の修繕費用を増加させる過度な設備投資は行わない
（例）埋め込み型以外のガス調理器は、退去時に必ず撤去する

■床材の選定について

工事費用を抑える方法の1つとして、適切な床材の選定が考えられます。共同住宅に使用される床材は、主にフローリング・塩ビタイル・クッションフロアがあります。

当社では、費用対効果の高さを勘案し、塩ビタイルをお勧めしています。塩ビタイルは一般的には「フロアタイル」とも呼ばれています。

塩ビタイルはフローリングと比較し、価格が安価です。そして、クッションフロアと比較しても耐久性が高いです。安価かつ耐久性が高いことは、不動産投資という観点から見ても大きなメリットになります。

逆にデメリットは、クッション性がないことや防音性が低いことがあげられます。しかし、入居希望者が、このようなことを理由に入居を見送るケースはほとんどないといってよいでしょう。当社では、塩ビタイルにはデメリット以上に大きなメリットがあると考え、積極的に提案をしています。

実際に、原状回復工事費用を抑えるため、クッションフロアを使用している部屋が多く見受けられます。塩ビタイルとクッションフロアの単価差は、㎡あたり1400円程度です。20㎡のワンルームで、差額は2万円程度です。

この2万円分の先行投資が非常に効果的になります。クッションフロアの厚みは約1・8

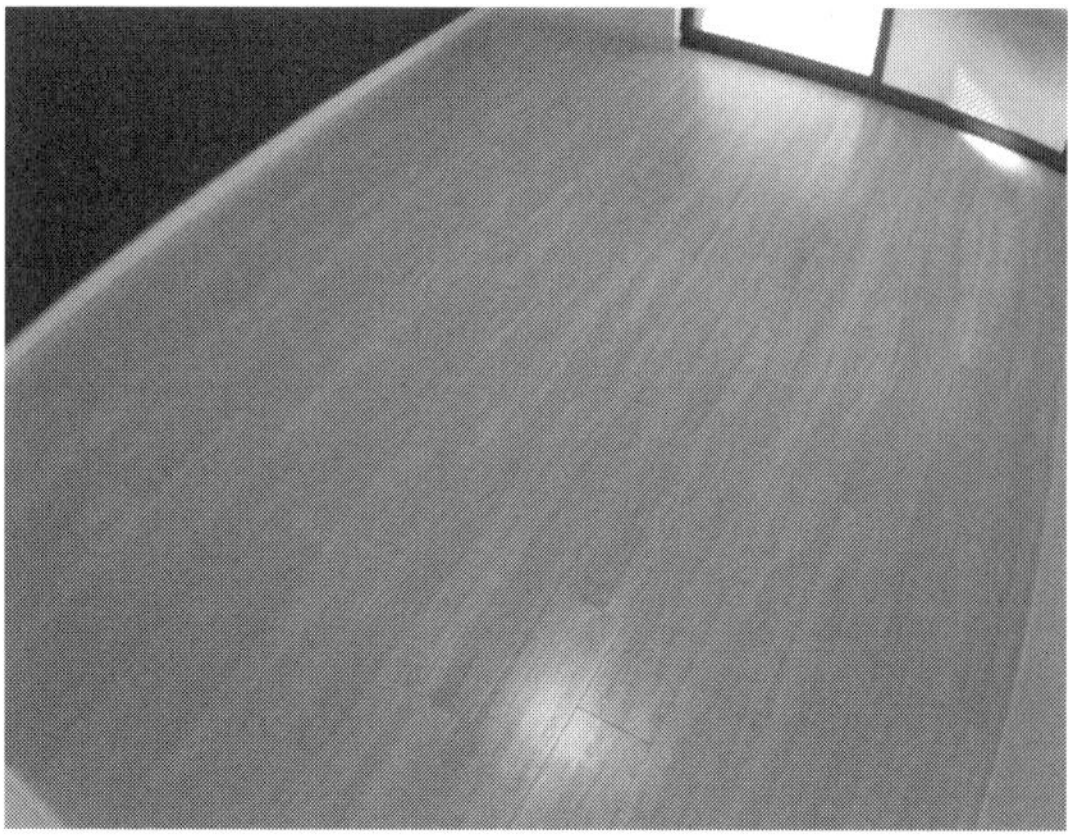

写真：塩ビタイル

㎜なのに対し、塩ビタイルの厚みは約2・5㎜あります。クッションフロアは家具の跡が残りやすく、使い方次第では、5年ももたないケースがあります。反して、塩ビタイルは厚く硬いため、10年以上使用できる可能性が非常に高いです。

また、塩ビタイルはピース形状のため、大きな衝撃により傷がついた場合は、その部分のみの貼り替えが可能です。ところがクッションフロアは1m幅のシート状のため、部分貼り替えができず、全面貼り替えになるケースがあります。

これらの理由から早期に売却を検討しているなどの理由がない限り、塩ビタイルで床を仕上げることをお勧めします。よい商品を長期にわたり使用することで、投資効率を高めることができるのです。

●塩ビタイルは安価かつ耐久性が高いため、不動産投資に向いている床材
積極的に活用すべき

押入れのクローゼット化に工夫を凝らすことは、工事費用を抑えることにつながります。収益物件のバリューアップ工事に、和室から洋室への変更工事を実施するケースがあります。これは入居付けに大きなプラスとなる工事です。

和洋変更工事とは、畳を洋室用の床材に貼り替えたり、戸襖を洋室用の建具に交換したり、京壁をクロスに貼り替えたり、押入れをクローゼットに変更するような内容になります。押入れのクローゼット化に工夫を凝らすことで、和洋変更工事を安価にできます。

和室を洋室に変更する際に、これまでの布団置き場で使用していた押入れの中段棚が不要となります。そこで中段棚を撤去し、ハンガーパイプを設置することで、使い勝手の良い収納になります。

一般的な押入れは、戸襖が2枚の引き違いという仕様になっています。この戸襖をクローゼット用の折れ戸に変更すると、7万円程度かかってしまいます。

当社では、物件のスペックに応じて、次のような工事を行っています。

■押入れのクローゼット化

写真：押入のクローゼット化

【押入れのクローゼット化手順】

①戸襖を撤去処分する
②中段棚を取り外す
③床はクッションフロア、壁はクロス貼り仕上げとする
④ハンガーパイプを取り付ける
⑤カーテンレールを取り付ける

新規に扉を設置するのではなく、入居者ご自身でカーテンをご用意していただき、目隠しをする仕様です。この工事により、高額な扉交換を避けることができます。収納内はクロスやクッションフロアできれいに化粧されているため、オープンで使用することもできます。

折れ戸交換費用が7万円に対し、カーテンレールは3000円あれば取り付け可能です。物件の築年数・賃料・仕様など総合的に判断し、この手法を検討することをお勧めします。**和洋変更費用を安く抑えることは、不動産投資の観点上大きなメリットとなります。**

●**押入れのクローゼット化に工夫を凝らすことで工事費用を抑えることができる**
工事費用を抑えるポイントは「扉ではなくカーテンで仕切る」「収納内部を化粧することで、見せる収納とする」

■給水・給湯管の是正工事について

築年数の古い建物には、漏水のリスクがあります。中古収益物件は、このリスクと上手く付き合っていくことが大切です。しかし、漏水改修工事に莫大な費用がかかってしまえば、収支計画に大きな狂いが生じてしまいます。

給水・給湯管の漏水改修工事をできるだけ安価に済ませるためにも、当社では配管を引き直すような工事では、露出配管をお勧めしています。引き直す給水・給湯管を、隠蔽せずに露出させるということです。

露出配管は見栄えが悪いという欠点がありますが、改修工事の負担が大幅に軽減できます。入居者のご理解がいただけるようであれば、露出配管での工事を第一に検討すべきです。

露出配管によるメリットは次のとおりです。

【露出配管のメリット】
・既存の配管の撤去処分が不要となり、解体範囲を小さくできる
・解体範囲が小さくなるため、内装仕上げ工事が安価となる
・次回の改修工事が容易になる

不動産投資という観点から見て、建物の維持保全は重要です。「きれいな納まり」は必須でしょうか。築年数の古い物件は、見栄えよりも清潔感の方が大切です。

配管は露出してしまいますが、化粧カバーできれいに覆う、生活に支障をきたさないような位置に配管ルートを設けるなど、丁寧な工事をすれば、入居者はそれほど嫌がることはありません。入居者は漏水対応に関しては、対応の早さを第一に望んでいます。

漏水改修工事は緊急性が高く、判断スピードが求められます。このような時でも、投資という見方で、費用対効果の高い工事を実施していくことが重要です。

●給水・給湯管の漏水改修工事を極力安価に済ませるポイント
↓配管を引き直す工事は、メリットの多い露出配管とする

■クロス選定について

原状回復工事費用を抑えるポイントとして、クロスの選定は非常に重要です。ビニルクロスは、量産クロスと1000番クロスに大別されます。賃貸物件の壁紙は、量産クロスと呼ばれる安価なクロスを使用しているケースがほとんどです。

量産クロス・1000番クロスのメリット・デメリットは次のとおりです。

【量産クロス】

メリット

・価格が安い

・施工性のよいものが多い

デメリット

・機能性がない

【1000番クロス】

メリット
・デザインが豊富
・機能性を選べる（汚れ防止・表面強化・消臭・マイナスイオンなど）
デメリット
・価格が高い
・施工性が悪いものが多い
・施工難易度が高い

投資の観点から見て、費用対効果の高いクロスとはどのようなクロスでしょうか。それは、強度の高いクロスです。傷に強く、汚れが落ちやすいものを選定すべきです。量産クロス・1000番クロスそれぞれの選定ポイントについて、次に記します。

・量産クロス
量産クロスはすべて同じ㎡単価です。クロスメーカーの見本帳で、実際に触ってみると良いでしょう。クロスの見本帳には、それぞれのクロスの特徴が記載されています。「表面強化」などの記載のある、傷がつきにくく硬いクロスを選定することをお勧めします。

・1000番クロス

1000番クロスは「汚れ防止」・「表面強化」の機能が付いたものが良いです。クロスの見本帳には、それぞれのクロスの機能性が記されています。「表面強化」の中でも、エバールフィルムというフィルムが貼られた強化クロスは非常に強いです。施工難易度は高いですが、クロスを長期にわたって使用できます。

量産クロスと比較し、約20㎡のワンルームの壁をすべて1000番台の強化クロスにした場合の差額は、1万5000〜2万円程度です。強化クロスを貼ることで、次回の原状回復工事のクロス貼り替え工事が不要となる確率が高まります。物件の保有期間を考慮し、量産クロスにするか1000番クロスにするか選択すべきです。

収益性を鑑みれば、クロスはデザイン性ではなく、強度と汚れの落ちやすさです。消臭・マイナスイオンなどの特別な機能性はあまり必要ではありません。利益を最大化するために、クロス選定1つにでもこだわる必要があります。

●費用対効果の高いクロスとは→傷に強く、汚れが落ちやすいクロス
・量産クロス選定のポイントは「表面強化」などの記載のあるクロスが良い
・1000番クロス選定のポイントは、「汚れ防止」・「表面強化」の機能が付いたクロスが良い
・「表面強化」の中でも、エバールフィルムが貼られたクロスが特にお勧め

■中級者・上級者なら分離発注にチャレンジ

工事費用を抑える方法の1つとして、分離発注という方法があります。分離発注は、多くの手間を要しますが、工事費用の削減には効果的です。分離発注とは、工事をリフォーム業者に一括してお願いするのではなく、何社かに分けて発注をします。
共同住宅の原状回復工事に携わる業種は、次のとおりです。

【原状回復工事に関わる業種一覧】
・クロス
・塗装
・木工事

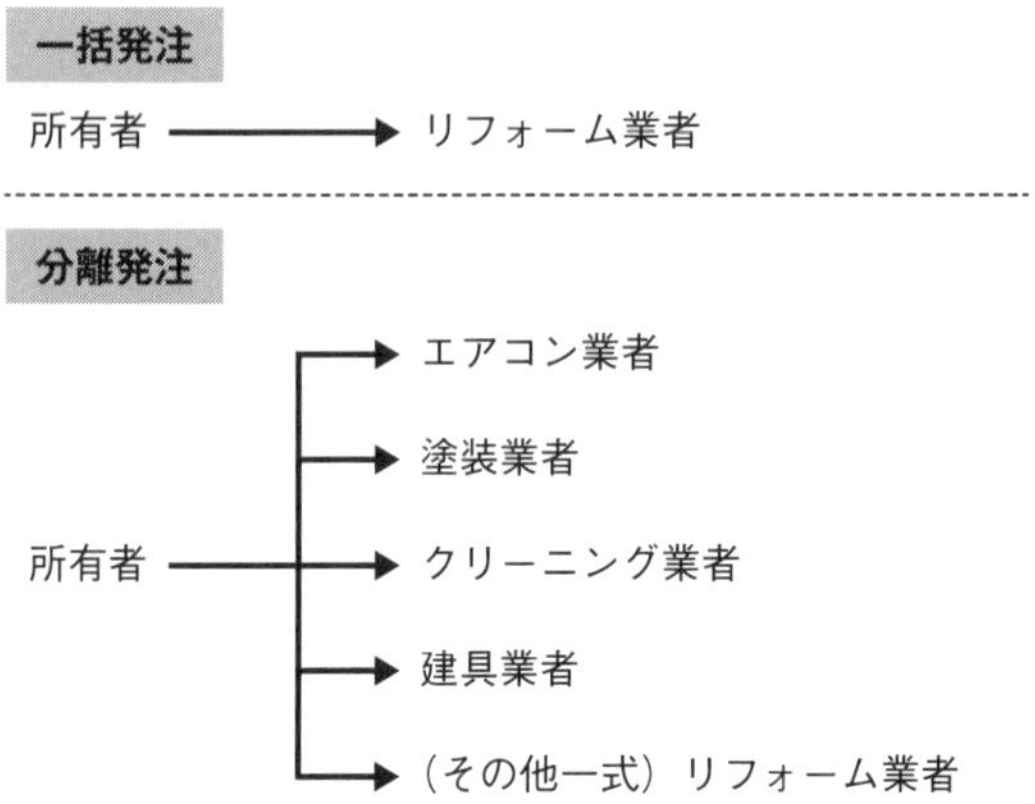

図：分離発注の仕組み

・クリーニング
・エアコン
・電気
・水道
・建具
・サッシ
・資材納入

これらすべてを分離発注するには、ある程度の知識と経験が必要となり、現実的ではありません。比較的簡単なものだけを分離発注することをお勧めします。分離の難易度は、次のとおりです。

【分離発注の難易度】
・クロス…易
・塗装…易

・木工事…難
・クリーニング…易
・エアコン…易
・電気…難
・水道…難
・建具…易
・サッシ…易
・資材納入…難

木工事・水道・電気は、前後の日程調整などが必要となり、分離は比較的難しいといえます。資材を別で納入することは、各納入設備の納まりを把握する必要があるため、こちらも難易度が高いといえます。

リフォーム業者には、得意な工種・不得意な工種があります。得意な工種は、自社で職人を抱えているため安価に工事できます。不得意な工種は、下請け業者へ依頼するため割高となります。こうしたことを把握して、不得意な工種のみを分離発注するのも効果的です。

では、リフォーム業者の得意な工種の見極めはどのようにしたら良いでしょうか。各工種の相場単価すべての把握は難しいです。目安となるのは、その業者が何の工種からスタートしたかを知ることです。もともとクロス業からスタートしていれば、クロス工事は自社の職人で作業することが多く、得意な工種としている可能性が高いでしょう。

分離発注により抑えられる費用は、該当工種の1割から2割程度です。該当工種が10万円の工事であれば、1万〜2万円の減額が見込めます。このような分離発注の積み重ねで、原状回復工事にかかる費用を削減し、収益を上げられます。

収益物件のリフォームに積極的に携わることが可能であれば、この手法をお勧めします。

●分離発注のポイント

・比較的分離しやすいものだけを分離発注する
・依頼した業者の得意な工種のみを分離発注する
・分離発注により抑えられる費用は、該当工種の1割から2割程度

■施工数量の確認が重要

良い施工業者との取引は、工事費用を抑えるための大きなポイントとなります。**よい施工業者かどうかの見極め方法として、誠実な積算かどうかの確認が効果的です。**誠実な積算とは、正しく施工数量を出すということです。

㎡単価は一目で高額なものがわかります。これに対し、施工数量は数量を故意的に増やされても気付きにくいです。㎡単価を下げて、施工数量をふかす（増やす）悪い業者がいるのです。20㎡のワンルームの部屋で、クロス単価を50円下げ、数量を10㎡多くすれば、結果的には5000円ほど金額が高くなります。

これはクロスだけではなく、外壁や屋根の塗装工事でも同じことがいえます。安さを売りに集客を行い、不誠実な積算により高い見積を出すというような手口に注意が必要です。当社でも、これまでにこのような業者を何社も見てきました。誠実な積算かどうかを確認する方法として、「積算根拠の拾い表」の提出を求めることが効果的です。

見積時には、必ず精算根拠の計算式があるはずです。この提出を嫌がる、または速やかに提出してもらえでないようであれば注意が必要です。正しく積算している会社であれば、自信を持って即提出してくれます。

「積算根拠が欲しい」と要望した結果、場合によっては数量が少なくなるケースもあります。そのような業者とは、今後のお付き合いを考えてしまうのも当然です。当社ではクロスの施工数量について、次を目安としています。

【クロスの施工数量の目安】

クロスの施工数量（天井、壁）＝延床面積×3・5

20㎡ワンルームであれば、20㎡×3・5＝70㎡がクロス数量の目安です。天井の高さ、ロフトの有無、細かい部屋が多いなどの理由により、この計算式があてはまらないケースもあります。この計算式による数量から大きくはずれている場合に、積算根拠の拾い表を求めると良いでしょう。

信用できる施工業者の確認方法の1つとして、「施工数量の精査」は非常に有効です。**賃貸経営に要する労力を減らすためには性善説で任せられる、誠実な業者と取引が重要です。**誠実な施工業者との取引は、収益性を高めることにつながります。

> **●誠実な施工業者との取引→収益性アップにつながる**
> 誠実な積算かどうかにより見極められる
> （目安例）天井・壁のクロス施工数量＝延床面積×3・5

■一式交換ばかりを提案する業者

不動産投資においては任せる工事業者によっても、トータルの収支が大きく変わっていきます。**収益物件の特性をよく把握している業者であることはもちろん、所有者の立場に寄り添った工事内容を提案できる業者が良い業者といえます。**

一般的に、細かい部分修繕は工事費用も安価であり、粗利益も小さくなります。細かい部分修繕よりも、本体を一式交換してしまう方が工事費用も高くなり、粗利益も大きくなります。

自社の売上や粗利益ばかり最優先しているような業者は、部分交換を提案しないことが非常に多いです。原状回復工事の見積を確認した際に、パッキン交換・電球交換・戸車交換などの部分修繕が、1項目もないような見積であれば警戒しましょう。

最低限の部分修繕提案は、トラブルにつながる可能性もあります。部分修繕後に、他の部品の不具合により、再度故障するなどのケースがあるからです。この時に、「前回の修繕が適切に行われていないのではないか？」と疑われてしまう場合もあります。

このように部分修繕の提案は、本体の一式交換に比べて工事後のクレームにつながりやすいリスクがあります。リスクを背負ってまでも、積極的に部分修繕を提案する業者が、投資という観点から見ると付き合うべき信頼できる業者といえます。

●付き合うべき信頼できる業者
・所有者の立場に寄り添った工事提案ができる業者
・部分修繕の提案が多い業者

■多能工の職人の有無を確認

原状回復工事を極力安価にするための、工事業者選択のポイントとして、その工事業者が自社で抱えている職人に「多能工の職人」がいるかどうかです。

「多能工の職人」とは、名前のとおり一人で数多くの職をこなせる職人です。例えば、電気設備の取り付け・水道設備の取り付け・木工事など、複数の工種に対応できるスペシャリストです。

原状回復工事は新築工事と比較すると、各工種の工事ボリュームが小さいです。ちょっとした電気工事を電気業者に頼んでしまうよりも、電気工事士の資格を持っている自社の大工で一緒に工事ができれば、工期も早まり価格も安価になります。それゆえ**自社に多能工の職人を多く抱えている業者は、原状回復工事にマッチしているといえます。**

当社でも、原状回復工事業者を新規採用する際は、多能工の職人を自社で抱えているかを重視しています。収益物件の原状回復工事は、新築工事とは全く別物です。原状回復工事に特化した、自社で多能工の職人を多く抱えている業者に工事を依頼することをお勧めします。

●安価に原状回復工事ができる工事業者選定のポイント
↓「多能工の職人」がいるかどうか

■ガス給湯器のフリーメンテナンスの利用

日々の設備修繕にかかる費用を圧縮するために、ガス給湯器のフリーメンテナンスは非常に効果的です。ガス給湯器は入居者にとって、なくてはならない大切な設備であり、常に正常に機能していなければなりません。

給湯器の平均寿命は8~10年です。交換に要する費用は10万円程度ですが、日常生活に支障をきたすため急を要する工事です。そのため、平均相場よりも高い金額を提示されても、なくなくその金額で工事せざるを得ない状況も考えられます。

そこで有効なのは、プロパンガス業者によるガス給湯器のフリーメンテナンス契約です。ガス給湯器に不具合が生じた場合の交換・修理を無償で、かつ早急に対応してくれます。

プロパンガス業者のほとんどは、このような契約を結んでくれます。既にプロパンガスの収益物件をお持ちの方で、ガス給湯器のフリーメンテナンス契約を結んでいないようであれば、即締結することをお勧めします。

また、管理会社はスケールメリットを活かしプロパンガス業者とよりサービスレベルの高いメンテナンスを契約している場合も多いです。管理会社に相談してみるのも一つの良い手法と言えます。

一部の都市ガス業者もフリーメンテナンスに応じてくれています。大手都市ガス業者は難しいですが、地方都市ガス業者は比較的応じてくれます。

当社では、ガス給湯器フリーメンテナンスによる収支安定のため、都市ガスからプロパンガスへの切り替え提案をさせていただくこともあります。都市ガスからプロパンガスへの切り替えにより、日々の修繕費用を削減することができます。投資という面から見れば、収益性を上げる有効な選択肢といえます。

●プロパンガス業者によるガス給湯器のフリーメンテナンス
→給湯器交換が無償になる
通常、給湯器交換に要する費用　10万円程度

収益物件　建築的調査　チェックシート

買ってはいけない物件

	項目	チェックポイント	可否
法規	建ぺい率	オーバーしていないか	□ ○ □ × □ 該当無
	採光	不足していないか	□ ○ □ × □ 該当無
		隣地境界線と軒先先端の水平距離が1.4m以上あるか（2階建て）	
	増築	増築の確認申請の有無	□ ○ □ × □ 該当無
		10m^2を超える増築時	
	界壁	有無	□ ○ □ × □ 該当無
	ロフト	天井高は1.4m以下か、床面積はロフトがある階の床面積の1/2未満か	□ ○ □ × □ 該当無
	2以上の直通階段	有無	□ ○ □ × □ 該当無
		階の居室部分が200m^2 ※を超えるもの　※主要構造部が不燃材料でなければ100m^2	
	廊下幅員	廊下幅員は片廊下タイプで1.2m以上・中廊下タイプで1.6m以上あるか	□ ○ □ × □ 該当無
		階の住戸部分が100m^2を超えるもの	
	敷地内通路	各地方公共団体の条例による	□ ○ □ × □ 該当無
構造	シロアリ	シロアリ被害の有無	□ ○ □ × □ 該当無
		木造ラスモルタル工法のクラックが多い建物はＮＧ	
	傾き	6/1000以上傾いていないか	□ ○ □ × □ 該当無
		施工精度に起因する一部分の傾きは除く	
設備	換気扇	屋外への排気ルートは適切か	□ ○ □ × □ 該当無
		ダクト接続不良がないか、排気口が確保されているか	

慎重に検討すべき物件

	項目	チェックポイント	
法規	共用階段	幅・けあげ・踏面の寸法は適切か	□ ○ □ × □ 該当無
	但し書き道路への接道	同規模・同用途での再建築が可能か	□ ○ □ × □ 該当無
	用途変更	用途変更の確認申請の有無	□ ○ □ × □ 該当無
		100㎡を超える特殊建築物の用途変更時	
構造	軒の出	軒ゼロ建物になってないか	□ ○ □ × □ 該当無
	新耐震基準	新耐震基準の建物か	□ ○ □ × □ 該当無
		昭和56年6月1日以降に建築確認を受けているか	
	構造状況のバランス	構造バランスの悪い建物となっていないか	□ ○ □ × □ 該当無
		建物の形が複雑、ピロティー構造など	
	窓の位置	窓の数・大きさ・位置は適切か	□ ○ □ × □ 該当無
		窓が多すぎないか、コーナーに窓がないかなど	
	不整形な建物	凹凸の多い建物となっていないか	□ ○ □ × □ 該当無
	地下室付き建物	湿気・浸水対策がとれているか	□ ○ □ × □ 該当無
設備	自動火災報知設備	有無	□ ○ □ × □ 該当無
		延床面積500㎡以上で設置義務	
	連結送水管	大規模な改修工事が必要か	□ ○ □ × □ 該当無
		消防点検記録にて確認	

修繕コストを考慮すべき物件

	項目	チェックポイント	
構造	擁壁	安全な擁壁か	□ ○　□ ×　□ 該当無
		ひび・はらみ・傾き・ずれがないか、水抜き穴は適切に入っているか、大谷石擁壁・玉石積み擁壁・二段擁壁はＮＧ	
	笠木	笠木からの雨漏りはないか	□ ○　□ ×　□ 該当無
		笠木のぐらつきがないか、直下の仕上げ材に雨染みがないか	
	外壁タイル	著しい劣化がないか	□ ○　□ ×　□ 該当無
		タイルの浮き・剝がれがないか、広範囲に及ぶタイル目地の破損がないか	
	屋上	屋上に断熱ブロックが敷かれていないか	□ ○　□ ×　□ 該当無
	屋根形状	屋根形状は複雑でないか	□ ○　□ ×　□ 該当無
		トップライト・ドーマー・棟違い・入母屋は危険	
設備	貯水槽・ポンプ	著しい劣化がないか	□ ○　□ ×　□ 該当無
		法定点検記録にて確認	
	浄化槽	保守点検の回数が多すぎないか、著しい劣化がないか	□ ○　□ ×　□ 該当無
		保守点検記録にて確認	
		公共汚水桝が設置されていないか	
	避難ハッチ	避難ハッチはステンレス製か、ハッチの数が多すぎないか	□ ○　□ ×　□ 該当無
		不連続なベランダは交換箇所が多くなる	
	エレベーター	エレベーターリニューアル工事が必要か	□ ○　□ ×　□ 該当無
		30年以上稼動しているエレベーターは改修時期	
	オートロック	オートロック連動インターホンに不具合はないか	□ ○　□ ×　□ 該当無
		交換目安は15年	
	水道メーター	水道メーターは公設か	□ ○　□ ×　□ 該当無
	飲用井戸	水質検査基準の許容値を超えている項目はないか	□ ○　□ ×　□ 該当無
		水質検査記録にて確認	
	電気温水器	電気温水器を利用していないか	□ ○　□ ×　□ 該当無
	エアコン	空調設備に天井カセット型エアコン・マルチエアコンを利用していないか	□ ○　□ ×　□ 該当無
	トイレ	和式トイレになっていないか	□ ○　□ ×　□ 該当無
	バランス釜	バランス釜を利用していないか	□ ○　□ ×　□ 該当無
	ユニットバス	一式交換が必要か	□ ○　□ ×　□ 該当無
	屋内配管(給水・給湯・排水)	配管ルートは合理的か	□ ○　□ ×　□ 該当無
	屋外配管（排水）	詰まりが頻繁に発生していないか	□ ○　□ ×　□ 該当無
		桝の沈下がないか	
	太陽光パネル	屋上の防水状況に問題はないか	□ ○　□ ×　□ 該当無
		築年数の古い折板屋根は雨漏りのリスクが高い	
その他	植栽	植栽のボリュームが多すぎないか	□ ○　□ ×　□ 該当無
	鳩被害	鳩被害がないか	□ ○　□ ×　□ 該当無
		鳩よけネット・剣山などの有無	
	内装床材	カーペット貼り仕上げとなっている部屋がないか	□ ○　□ ×　□ 該当無
	室内建具	建具の本数が多すぎないか、特殊な建具を使用していないか	□ ○　□ ×　□ 該当無
		親子ドア・ハイドアが使用されていないか	

おわりに

本書では売買・賃貸管理の双方の観点より、不動産投資のリスクヘッジにつながるノウハウを公開させて頂きました。当社が実践している物件選定時の「建築的調査」についての重要性を、読者の皆様にご理解頂ければ幸いです。

建築的な目線から見た「買ってはいけない物件」は現在の市場に多く存在しています。「買ってはいけない物件」を購入してしまうことで、不動産投資の目的の一つである「人生の安定」を手に入れることはできません。一般的に行われている「不動産的調査」に加え、「建築的調査」をしっかりと行うことで、不動産投資における絶対の優位を築くことができるのです。皆様には「建築的調査」を意識し、不動産投資の成功を実現して頂きたいと願っております。

本書を執筆するに当たり、幻冬舎メディアコンサルティングの皆様には大変お世話になりました。この場を借りて御礼申し上げます。

また、当社の自社再生物件「リブレス」をご購入頂きましたオーナー様・管理のご依頼を頂いているオーナー様に感謝申し上げます。少しでもオーナー様の利益の最大化に寄与できるよう、これからも日々進歩して参ります。

そして、収益物件の一つの基準確立に向け、本気で愚直に収益物件と向き合っている武蔵コーポレーションの社員の皆様に心より感謝したいと思います。

「はじめに」でも書きました通り、不動産投資人口の急増に比例して、投資に失敗する人も激増しています。本書では、物件を取得するに当たり、「建築的調査」のポイントについて余すところなく書かせて頂いたつもりです。読者の皆様が建築的知識を持つことで、より優良な物件が流通し、収益不動産の業界の質の向上につながると考えています。

本書が少しでも収益物件流通の質の向上に貢献することができれば、これほどうれしいことはございません。

最後までお読み頂きまして誠にありがとうございました。

平成31年3月　小林　孝弘

著者紹介

大谷義武（おおや よしたけ）

武蔵コーポレーション株式会社　代表取締役
昭和 50 年、埼玉県熊谷市生まれ。東京大学経済学部卒業後、三井不動産株式会社に入社。同社にて商業施設（ショッピングセンター）の開発・運営業務（用地取得業務、テナントリーシング等）、オフィスビルの開発・運用業務等、最先端の不動産業務に携わる。平成 17 年 12 月に同社を退社し、さいたま市において有限会社武蔵コーポレーションを設立（その後、株式会社に改組）。オーナー社長をはじめとするインカムリッチの富裕層に対して収益用不動産（賃貸アパート・マンション）を用いた資産形成のサポート事業を展開。設立以来、1,300 棟の取引に携わる。また、販売後の賃貸管理にも力を入れ、独自の手法（プロパティマネジメント）により管理戸数 1 万 3000 戸、入居率 97％以上を維持している。既存顧客（個人投資家）のための情報共有・交流の場として「武蔵コーポレーションオーナーズクラブ」を主宰する。

小林孝弘（こばやし たかひろ）

一級建築士
武蔵コーポレーション株式会社　建築部　部長
昭和 56 年、山形県東根市生まれ。宇都宮大学工学部建設学科建築学コース卒業。一級建築士として株式会社東栄住宅・株式会社県民共済住宅にて 500 棟の建売・注文住宅の引き渡しに携わった後、平成 27 年に武蔵コーポレーション株式会社へ入社。建築部部長として年間 100 棟以上の建物診断および再生工事を担当している。

一級建築士《いっきゅうけんちくし》が教《おし》える
買《か》ってはいけない収益物件《しゅうえきぶっけん》の見分《みわ》け方《かた》

2019年3月4日　第1刷発行

著　者　大谷義武・小林孝弘
発行人　久保田貴幸

発行元　株式会社 幻冬舎メディアコンサルティング
〒151-0051　東京都渋谷区千駄ヶ谷4-9-7
電話　03-5411-6440（編集）

発売元　株式会社 幻冬舎
〒151-0051　東京都渋谷区千駄ヶ谷4-9-7
電話　03-5411-6222（営業）

印刷・製本　シナノ書籍印刷株式会社

装丁　弓田和則

検印廃止

Printed in Japan
ISBN 978-4-344-91642-5 C0033
幻冬舎メディアコンサルティングHP
http://www.gentosha-mc.com/